厦门大学“双一流”人文社科提升计划项目

中国贫困治理方案研究

叶兴建 主编

叶兴建 靳凤川 著

海峡出版发行集团 | 鹭江出版社
THE STRAITS PUBLISHING & DISTRIBUTING GROUP

图书在版编目(CIP)数据

中国贫困治理方案研究/叶兴建，靳川凤著.—厦门：鹭江出版社，2022.7
(中国贫困治理道路研究/叶兴建主编)
ISBN 978-7-5459-1971-4

Ⅰ.①中… Ⅱ.①叶… ②靳… Ⅲ.①扶贫—研究—中国 Ⅳ.①F126

中国版本图书馆 CIP 数据核字(2021)第 279065 号

中国贫困治理道路研究
ZHONGGUO PINKUN ZHILI FANGAN YANJIU
中国贫困治理方案研究
叶兴建 主编 叶兴建、靳川凤 著

出版发行：鹭江出版社
地　　址：厦门市湖明路 22 号　　**邮政编码**：361004
印　　刷：福建新华联合印务集团有限公司
地　　址：福州市晋安区福兴大道 42 号　　**联系电话**：0591-88208488
开　　本：700mm×1000mm　1/16
插　　页：2
印　　张：10.5
字　　数：136 千字
版　　次：2022 年 7 月第 1 版　　2022 年 7 月第 1 次印刷
书　　号：ISBN 978-7-5459-1971-4
定　　价：48.00 元

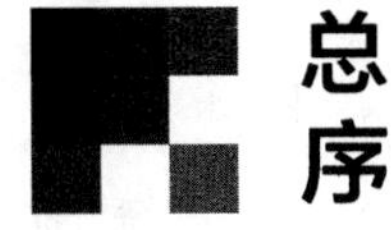

总序

2021年2月25日，习近平总书记在全国脱贫攻坚总结表彰大会上庄严宣告：我国脱贫攻坚战取得了全面胜利。经过脱贫攻坚阶段不懈的努力，我国近一亿贫困人口实现脱贫，并最终探索形成了一整套有效的特色贫困治理体系。目前，关于这一贫困治理体系的内涵、结构及形成过程，学术界的研究与分析还很不够。“中国贫困治理道路研究”丛书的出版，对总结和探索中国特色贫困治理体系、深入了解中国贫困治理特色具有重要意义。

“中国贫困治理道路研究”丛书由厦门大学马克思主义学院学者叶兴建主编，共分《中国贫困治理战略研究》《中国贫困治理机制研究》《中国贫困治理模式研究》和《中国贫困治理方案研究》四册，分别从扶贫战略、扶贫机制、扶贫模式和“中国方案”四个层面，对中国贫困治理体系进行了较为全面、系统的论述。本丛书的出版，呼应了党的十九届四中全会“坚持和完善中国特色社会主义制度，推进国家治理体系和治理能力现代化”的重要精神。

《中国贫困治理战略研究》纵向梳理了中国贫困治理战略从“救济式扶贫”到“开发式扶贫”，再到“综合扶贫”，最后到“精准扶贫”四个阶段的演变过程，论述了不同阶段中国贫困治理战略的本质、内涵、特征及其对中国贫困治理道路形成的重要意义，系统阐述了中国贫困治理道路产生、发展的过程与规律。《中国贫困治理机制研究》对中国贫困治理的瞄准机制、激励机制、合作机制、组织机制、考核机制和保障机制进行分析，并就各种机制的内涵、生成及现实治理意义进行论述。《中国贫困治理模式研究》则在诸多扶贫模式中，选取对中国贫困治理较有影响的“产业扶贫”“精神扶贫”“智力扶贫”“易地扶贫搬迁”“定点扶贫”“东西部扶贫协作”“消费扶贫”进行剖析，较为深入地探讨各种模式产生的背景、内涵、具体做法及影响。《中国贫困治理方案研究》着重从指导理念、领导机制、社会力量动员、实施精准扶贫等方面，阐述中国贫困治理方案的内涵及其对世界贫困治理的借鉴意义。

加强中国贫困治理道路研究，是深化中国贫困治理理论研究的需要。在中国共产党的领导下，中国贫困治理以马克思主义反贫困理论为指导，立足于中国生动实践，吸收了众多人类贫困治理经验。新中国自成立以来，在不同的历史阶段，根据当时的具体治理目标，形成特定的扶贫战略，并在落实扶贫战略过程中，逐步形成一系列扶贫机制和扶贫模式。目前，理论界对中国贫困治理理论的研究呈现碎片化倾向，不够系统。加强对中国贫困治理道路问题的系统研究，有利于梳理和深入了解中国贫困治理理论。

加强中国贫困治理道路研究，是推进国家治理现代化的需要。中国贫困治理形成的一系列贫困治理机制，既是中国治理现代化的产物，又可作为中国治理进一步现代化的重要借鉴。系统总结中国贫困治理经验，是持续推进后脱贫攻坚时代中国相对贫困治理的需要。传承中国贫困治理精神，是推进乡村振兴的必然要求。

加强中国贫困治理道路研究，是向世界介绍中国贫困治理经验的需要。中国贫困治理，有效解决了7.7亿人的绝对贫困问题。中国贫困治理道路，是中国道路、中国方案的重要组成部分，已对世界，也必将进一步对世界贫困治理产生深远影响。深入研究中国贫困治理道路，总结中国贫困治理先进经验，对走深走实“一带一路”和推进世界贫困治理，都有着重大的意义。

在中国共产党的领导下，中国人民从解决温饱，到建设小康社会，再到全面建设小康社会，直至全面建成小康社会，克服重重困难，最终消除绝对贫困。在中国共产党成立一百周年之际，系统研究中国贫困治理道路，总结中国特色贫困治理经验，更有特殊的意义。

该丛书的出版，将从学理上加深人们对中国贫困治理道路的认识，并进一步推动中国贫困治理道路相关问题的理论研究。是为序。

北京大学光华管理学院教授
北京大学乡村振兴研究院院长　雷明

2021年8月10日

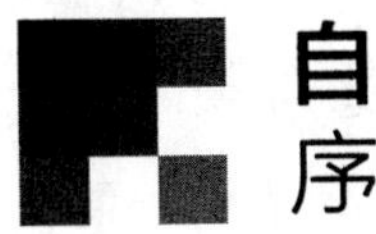

自序

中国贫困治理道路是中国道路的重要组成部分。中国贫困治理立足于中国实践，以马克思主义理论为指导，受中华优秀传统文化和红色文化的深刻影响，同时也借鉴了世界贫困治理经验，兼具中国特色和世界意义。

“仓廪实而知礼节，衣食足而知荣辱。”中国共产党始终以人民为中心，努力开拓创新，不断发展生产力，坚持在经济社会发展的基础上推进减贫事业。中国共产党以人民群众的共同富裕为目标，以小康社会建设为抓手，充分发挥社会主义制度优势，动员和依靠全社会力量，不断探索贫困治理道路。

从救济式扶贫到开发式扶贫、综合扶贫，再到精准扶贫，中国贫困治理战略在特定时代背景下不断得到调整。在贫困治理战略的实施过程中，形成了具有中国特色的贫困治理模式和贫困治理机制，并最终形成了中国贫困治理体系和中国贫困治理方案。

中国贫困治理取得了举世瞩目的成就，形成了脱贫攻坚精神。加强中国贫困治理方案的研究和传播，既有利于推动人类减贫事业发展，也有利于增强国际话语权。中国的贫困治理经验与脱贫攻坚精神理应在巩固脱贫攻坚成果、推进乡村振兴工作、促进共同富裕事业中得到传承和发扬。中国贫困治理道路研究是学术界的热门主题，目前已取得了十分丰硕的成果。从已有的中国贫困治理道路相关研究成果来看，综合性的研究偏多，针对贫困治理战略、贫困治理模式、贫困治理机制、贫困治理方案的专门研究较少，而且缺乏针对各部分之间内在联系的深度分析。“中国贫困治理道路研究”丛书分为《中国贫困治理战略研究》《中国贫困治理模式研究》《中国贫困治理机制研究》《中国贫困治理方案研究》四册，试图对中国贫困治理战略、模式、机制、方案的渊源、形成、内涵、意义等进行较为深入的探讨，意在拓宽和深化中国贫困治理道路研究。

当前，关于中国减贫学的研究方兴未艾。希望本丛书的出版，能起到抛砖引玉的作用，并为中国减贫学科的建设与发展添砖加瓦。

叶兴建

2021 年底于厦门

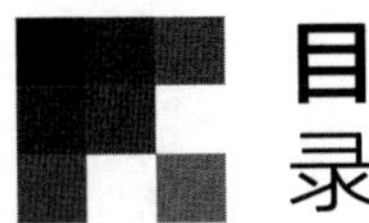

目 录

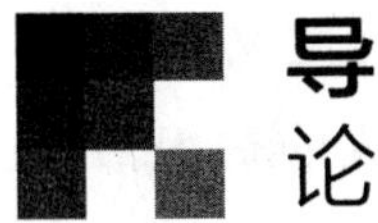

导论

一、研究意义

从词义看，“方案”即是从目的、要求、方式、方法、进度等方面都部署得具体、周密，并有较强的可操作性的计划。“中国方案”指中国在解决自身发展与全球性问题过程中形成的自身独特的一套方式、方法。2013 年 9 月 6 日，“中国方案”首次在外交舞台上被提及，时任外交部部长王毅介绍习近平主席出席二十国集团领导人第八次峰会有关情况时说，新形势下，中国正站在更高、更广的国际舞台上纵横驰骋。我们将为世界奉献更多的中国智慧，提供更多的中国方案，传递更多的中国信心，同各国一道，致力于建设持久和平、共同繁荣的和谐世界。2014 年 3 月，习近平总书记应德国科尔伯基金会邀请，在柏林发表演讲时表示，中国愿以开放包容心态加强同外界对话和沟通，将从世界和平与发展的大义出发，贡献处理当代国际关系的中国智慧，贡献完善全球治理的中国方案，为人类社会应对 21 世纪的各种挑战作出自己的贡献。党的十八大以来，世界经济处在深度调整期，中国持续发挥着拉动世界经济增长主引擎作用；在世界贫困问题依然严峻的时期，中国助力国际减贫进程，并提出“人类命运共同体”“一带一路”等推动全球治理的倡导。“中国方案”逐渐成为一个高频词，也说明当下的中国有意愿、有能力更多地参与到国际社会事务中去，以中国智慧为国际社会治理贡献力量。

中国方案包括方方面面的内容，中国贫困治理方案指的是中国在贫困治理领域探索形成的具有中国特色的一套贫困治理措施。具体来讲，中国贫困治理方案指的是新中国成立以来，中国共产党以人民为中心，以共同富裕为目标发挥社会主义制度优势，动员全社会力量，根据国情不断实践探索而形成的贫困治理方式方法。

加强对中国贫困治理方案的研究，具有国内、国际两个层面的重要意义。

从国内发展来看，加强中国贫困治理方案研究，首先具有重要的理论意义。中国共产党领导下的贫困治理成功实践是中国特色社会主义实践的重要组成部分。从理论、制度、实践渊源上梳理中国贫困治理方案的生成逻辑、核心内涵，有助于推进中国减贫理论研究，有助于发展中国特色社会主义理论体系，增强道路自信、理论自信、制度自信、文化自信。其次具有重要的实践意义。加强中国贫困治理方案研究，总结贫困治理成功经验，对巩固脱贫成果、接续乡村振兴、推进共同富裕具有重要现实意义。例如，培育特色产业，加强党的基层组织堡垒作用，构建政府、市场与社会合力，推进区域协作，精准施策等经验，在接续乡村振兴过程中都应加以研究与传承。在全面推进现代化过程中，也应传承和发扬脱贫攻坚精神。

另外，加强中国贫困治理方案研究，有利于增强我国的国际话语权。在贫困治理理论研究的话语体系中，西方反贫困理论在一定程度上占据了主导地位。西方发达国家发展较早，对贫困问题的关注较早，出现了许多研究反贫困的学者及一系列相关理论，例如缪尔达尔、刘易斯、西奥多·舒尔茨以及阿马蒂亚·森等人的论述。国内一些学者习惯于运用西方的反贫困理论来分析中国的贫困问题，这种研究是有价值的，但中国的贫困治理既有世界贫困治理的共性，也有本国的特殊性。因此，我们需要在借鉴已有反贫困理论的基础上，根据中国的实际加强中国特色贫困治理理论研究。

从对国际的影响来看，加强中国贫困治理方案研究，可为其他国家的贫困治理提供理论借鉴和实践经验。中国在贫困治理中积累的宝贵经验，形成的理论成果，为全球反贫困事业贡献了中国经验、中国智慧。中国是世界上最大的发展中国家，也是世界减贫事业的积极参与者、有力推动者和重要贡献者。反贫困是全世界共同的任务，进入21世纪以来，全球更加重视反贫困问题。2020年，中国完成现行标准下农村贫困人口全部脱贫、贫困县全部摘帽、解决区域性整体贫困的目标任务，在历史上首次彻底消灭绝对贫困，形成了中国贫困治理方案，为世界贫困治理问题开出了一张“中国药方”。

中国大力推动国际发展事业，为世界各国实现减贫与可持续发展提供有利环境。通过提出“一带一路”倡议、创设亚投行、设立丝路基金，中国支持发展中国家开展基础设施互联互通建设，推动建设公平公正、包容有序的国际经济金融体系，为发展中国家发展营造良好外部环境，为更快消除贫困创造重要条件。研究中国贫困治理方案，有利于增进国际社会对中国贫困治理经验的了解，为全球范围内消除贫困提供有力借鉴。加强中国贫困治理方案的研究，能推进我国同广大发展中国家在反贫困领域的交流与合作，为世界其他国家和地区的反贫困事业提供理论指导。

二、研究动态

学术界关于中国贫困治理方案的研究，主要从起始阶段、核心内容、成功因素和作用四个方面展开。

（一）关于中国贫困治理方案起始阶段的研究

中国特色扶贫开发道路的起点与不同阶段的划分一直是专家学者讨论的重要议题。学者王灵桂、侯波将中国共产党的成立作为中国开始探索贫困治理的起点，他们认为在1921年到1949年这段时间中，中国的贫困治理是“革命凝聚型”和“社会救助型”相结合的贫困治理思路。[①] 将新中国的成立作为起始时间，把1949年至1978年纳入减贫史分析的有胡鞍钢、范小建、刘娟、朱小玲、刘超、华正学等学者。也有学者认为新中国成立初期没有大规模的脱贫措施，不是真正意义上的国家扶贫，如雷明、王小丽、许源源、赵曦等学者。他们以改革开放以后不同时期政府的不同行动来划分不同的扶贫阶段。其中，对改革开放以来中国扶贫开发阶段的划分，尤其是以十八大召开至今作为一个时间节点的划分，学术界具有高度共识。笔者认为，将中国共产党的成立作为中国开始探索贫困治理的时间是一种非常广义的划分方法。不将1949年至1978年纳入减贫史分析有些过于狭义。从中国共产党的第一代领导集体做的许多奠基性工作开始，再到十八大提出了精准扶贫、精准脱贫的方略，这一方略的提出不是一蹴而就，而是对我国的扶贫治理进行长期探索之后，逐步酝酿产生的成果。且新中国成立以来，党和政府就高度重视扶贫工作，对扶贫相关问题进行了积极的探索与实践。新中国成立初期虽然没有产生成体系的扶贫治理成果，但是这一时期的扶贫探索具有奠基意义。因此，新中国成立以后至改革开放前的社会发展进程应被视为中国扶贫历史进程的一部分。综上，本文认为中国贫困治理方案应该从新中国成立开始时追溯。

---

① 王灵桂、侯波：《中国共产党贫困治理的实践探索与世界意义》，中国社会科学出版社，2019年版，第7页。

（二）关于中国贫困治理方案核心内容的研究

黄承伟从全球化的视角认为，中国精准扶贫、精准脱贫方略将为世界进行更有效的贫困治理提供中国方案。中国精准扶贫、精准脱贫方略是以习近平总书记扶贫论述为指导思想制定的一整套贫困治理体系，其核心内容包括：发挥政治优势，层层落实脱贫攻坚责任；不断完善精准扶贫政策工作体系，切实提高脱贫成效；坚持政府投入的主体和主导作用，不断增加金融资金、社会资金投入脱贫攻坚；坚持专项扶贫、行业扶贫、社会扶贫等多方力量有机结合的大扶贫格局，发挥各方面的积极性；尊重贫困群众扶贫脱贫的主体地位，不断激发贫困村贫困群众内生动力。[①] 张远新、吴素霞将中国减贫方案总结为：坚持走适合自己国情的发展道路，保证贫困治理的正确方向；坚持执政党领导、政府主导，强化贫困治理的组织保障；坚持经济发展，筑牢贫困治理的物质基础；坚持精准方略，提高贫困治理的效能；坚持内源扶贫，激发贫困群众的内生动力；坚持开发式扶贫，增强贫困地区的发展能力。[②]

（三）关于中国贫困治理方案成功因素的研究

对中国贫困治理方案取得成功因素的研究较多。其中，吴国宝、许汉泽、唐任伍、王灵桂与李文都认为脱贫攻坚中国方案中“党委领导、政府主导、社会参与、激发脱贫攻坚对象的内生动力”是取得脱贫成功的重要因素。

吴国宝认为中国改革开放 40 年基本消除了现行标准下的农村绝对贫困，在扶贫开发的过程中，探索并形成了大规模减贫的中国经验。通过发展减贫，提升贫困地区和贫困人口自我发展能力，实

---

① 黄承伟：《中国共产党怎样解决贫困问题》，江西人民出版社，2020 年版，第 64 页。

② 张远新，吴素霞：《全球贫困治理的中国经验与世界启示》，《思想政治课研究》2020 年第 4 期，第 128—133 页。

行精准扶贫，坚持扶贫创新，坚持政府领导，群众主体、社会参与的基本扶贫制度，坚持持续扶贫，形成了中国减贫的基本经验与方案。[①] 唐任伍认为党的十八大以来，我国实施精准扶贫、精准脱贫，之所以能够取得巨大成功，主要体现在以下几个方面：坚持党的集中统一领导，是脱贫攻坚取得成功的根本保证；坚持中国特色社会主义制度的显著优势，是脱贫攻坚取得成功的关键；坚持改革开放，坚持发展是硬道理，是脱贫攻坚取得成功的基础；坚持精准方略、多种形式，是脱贫攻坚取得成功的有效途径。[②] 许汉泽认为中国贫困治理所呈现的“政府主导、社会参与、自力更生、开发扶贫和全面协调发展”的模式是扶贫工作取得成功的主要原因。[③] 王灵桂、侯波梳理了各个时期中国不同的减贫方案，他们认为中国贫困治理方案的特色在于中国始终坚持党对扶贫减贫事业的全面领导；以人民为中心的扶贫开发思想；政府职能与市场功能的双重作用；开发式扶贫和保障性扶贫的良性互动。[④] 雷明、姚昕言认为中国贫困治理在实践中取得了巨大的成功。以宏观经济增长作为贫困治理的保障、在政府主导下有计划有组织地进行扶贫开发、构建开放式扶贫治理体系、多维度的国家减贫战略、实施利贫性增长、共享发展和多维度扶贫相结合的减贫政策体系。[⑤] 李文、王子尘认为中国在扶贫减贫的不同阶段，都能针对性地提出不同的政策与举措，在实践中建构了政府、市场与社会相结合的大扶贫格局，政府

---

① 吴国宝：《中国减贫与发展（1978—2018）》，社会科学文献出版社，2018 年版，第 1—2 页。

② 唐任伍：《脱贫攻坚：中国方案、中国经验和中国贡献》，《人民论坛》2020 年第 2 期，第 16—18 页。

③ 许汉泽：《新中国成立 70 年来反贫困的历史、经验与启示》，《中国农业大学学报（社会科学版）》2019 年 10 月第 5 期，第 45—52 页。

④ 王灵桂、侯波：《中国共产党贫困治理的实践探索与世界意义》，中国社会科学出版社，2019 年版，第 2 页。

⑤ 雷明、姚昕言等著：《贫困与贫困治理——来自中国的实践（1978—2018）》，经济科学出版社，2019 年版，第 187 页。

通过制定规划、制度与政策等主导扶贫工作进程，通过金融、就业和电商扶贫等方式充分发挥市场机制和社会力量相结合的扶贫作用，构建了针对贫困户的多层次利益联结机制。①

云理轩强调国家的制度保障问题。他认为中国土地制度保障了耕者有其田、居者有其屋，国家通过取消农业税费、完善农村合作医疗和养老保障制度体系，为农民的生存和发展构筑了稳固的保障线；东西部扶贫协作和中央单位定点扶贫，通过整合脱贫攻坚力量资源，拓展帮扶协作深度和精准度。② 陈洋庚、胡军华侧重从资源整合方面和贫困治理中，中国独特制度优势的整合机制方面进行解读。他们认为新时代中国特色扶贫开发坚持以人民为中心的治理理念，通过强大的政治动员和组织动员能力，实现贫困治理中的价值整合、组织架构和形态整合（公共组织层级整合、公共部门之间横向整合、公共部门与非公共部门的整合）、区域协作整合，从而推动精准扶贫、精准脱贫、脱贫攻坚、“绣花”功夫思想得以高效落地，并通过中国特色政治制度在扶贫领域整合机制方面的独特优势让整体性治理从理论走向生动实践。③ 高帆则从二元结构的视角出发，从推进城乡二元结构的角度解释中国的减贫方案。他强调从城乡二元结构转化是改革开放以来中国“效率”和“公平”兼得，特别是成就减贫“奇迹”的基本原因，中国减贫的“下一程”仍需持续加快推进二元结构转化。④

---

① 李文、王子尘：《中国减贫成就的世界意义》，《实践（思想理论版）》2020 年第 8 期，第 56 页。

② 云理轩：《为人类减贫事业贡献中国方案》，《社会主义论坛》2020 年第 4 期，第 11—13 页。

③ 陈洋庚、胡军华：《新时代中国特色扶贫开发：学理逻辑与中国贡献》，《江西财经大学学报》2020 年第 5 期，第 81—91 页。

④ 高帆：《城乡二元结构转化视域下的中国减贫“奇迹”》，《学术月刊》2020 年第 9 期，第 54—66 页。

（四）中国贫困治理方案作用、意义的研究

吕培亮、牟成文认为中国贫困治理方案为世界提供的智慧就在于"以人民为中心"的扶贫减贫理念、"以精准为原则"的扶贫减贫方略、"扶志扶智结合"的扶贫减贫行动、"社会协同发力"的扶贫减贫格局与"多元路径布局"。[①] 蔡昉认为，中国贫困治理方案对世界的意义就在于中国在以人民为中心的发展思想指导下充分发挥举国体制优势，最大程度地动员社会力量。随着经济发展阶段的变化，不断调整扶贫工作重心，并把每个阶段中取得的经验和教训吸收到新阶段扶贫战略中，形成并不断完善工作机制。[②] 伏佳佳等通过分析国外的人道主义救援扶贫认为，中国减贫中提倡和建设的人类命运共同体理念和方案更具有时代意义和实践价值，对发达国家的减贫活动有借鉴意义。中国方案以人为本，致力于促进人类的发展、能力和福祉，推动建设公平的国际环境和秩序，追求全球正义，中国方案本质上是一个发展方案和分配方案。[③] 燕继荣认为，中国的贫困治理具有创新型意义，在中国脱贫攻坚战略的推进过程中，中国领导人反复强调执政党各级领导机构要承担主体责任，实行全面领导，提供组织保障；各地精准脱贫要因地制宜、分类施策；要增加资金投入，构建完善的多元化的扶贫资金投入体系；要动员各方力量，形成社会广泛参与的扶贫格局；对脱贫攻坚任务要实行严格的考核监督；要激发群众内生动力。这些论述是对反贫困

---

① 吕培亮、牟成文：《党的十八大以来中国扶贫减贫的世界意义》，《中共山西省委党校学报》2020 年第 3 期，第 47—54 页。

② 蔡昉：《穷人的经济学——中国扶贫理念、实践及其全球贡献》，《世界经济与政治》2018 年第 10 期，第 18 页。

③ 伏佳佳、张鑫焱、张国清：《全球贫困及其中国方案——为建构人类命运共同体提供一个全球共享平台》，《云南社会科学》2020 年第 2 期，第 63—65 页。

理论的整体性创新，对世界贫困治理实践具有极大的参考价值。①

综上所述，不同学者从不同的视角出发，研究中国特色贫困治理方案。但可以看出，强调中国特色贫困治理方案中的“党委领导、政府主导、社会参与”已成为一个共识。总体而言，对中国贫困治理方案的基本内涵与特征尚缺乏系统性的研究成果。

本书在梳理学界研究成果的基础上，认为中国贫困治理方案的核心内涵体现在价值取向方面：始终坚持以人民为中心；在领导力量方面：坚持中国共产党领导扶贫开发；在战略目标方面：始终以经济发展带动减贫并将减贫纳入国家总体发展战略；在路径选择方面：动员全社会的力量，坚持构建政府、市场和社会的三位一体的大扶贫格局；在对外态度方面，始终坚持开放包容、合作共赢的减贫理念，促进共建没有贫困、共同发展的人类命运共同体。

三、思路与框架

本书的基本思路是，从理论、制度、实践逻辑上梳理中国贫困治理方案的形成，系统分析中国贫困治理方案的基本内涵，进而探讨中国贫困治理方案的世界意义。

全书分为五章。除导论外，第一章论述中国贫困治理方案的“指导理念”，回顾 70 多年来的减贫历程，中国共产党和中国政府始终坚持以人民为中心，强调创新发展、协调发展、绿色发展、开发发展、共享发展的指导理念，并始终把摆脱贫困、实现共同富裕作为党和国家为之不懈奋斗的重要目标。第二章“加强党的领导”，强调党在贫困治理中的作用。分析了党在贫困治理中发挥作用的路径以及党在贫困治理中发挥作用的制度优势。第三章“动员全社会

① 燕继荣：《反贫困与国家治理——中国“脱贫攻坚”的创新意义》，《管理世界》2020 年第 4 期，第 216 页。

力量”论述了对社会力量的动员路径以及社会力量在贫困治理中的参与方式。第四章“实施精准扶贫”，梳理十八大以前的扶贫瞄准历程，论述贫困治理为什么要“精准”，什么是“精准”，怎么做到“精准”，以及精准扶贫所取得的成绩。说明中国之所以能够取得减贫的历史性成就，精准扶贫、精准脱贫发挥了很大的作用。第五章“中国贫困治理方案的世界意义”，总结了国际上贫困治理的现状，以及中国贫困治理的方案对于其他国家的影响及借鉴意义。本书的主要创新之处是综合性较强，引用大量文献资料，在学界研究基础之上，对中国特色治理方案主要内涵及渊源进行系统、全面的探讨。

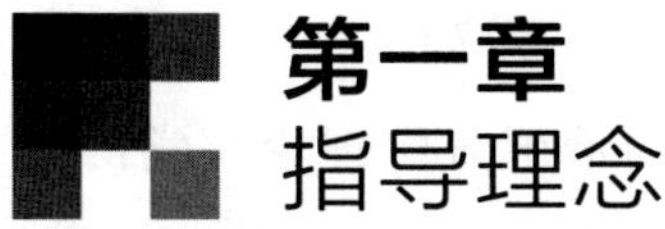

第一章 指导理念

根深才能叶茂。中国贫困治理方案深植于中国共产党的指导理念。这些理念主要有以人民为中心、共同富裕和新发展理念。总体来说，以人民为中心与共同富裕两大指导理念，从新中国成立以来贯穿始终，新发展理念则从改革开放以来逐步形成。

第一节　以人民为中心

回顾70多年来的减贫历程，中国共产党和中国政府始终坚持以人民为中心，始终把摆脱贫困、实现共同富裕作为党和国家为之奋斗的重要目标。中国共产党作为一个以马克思主义为指导思想的无产阶级政党，自成立以来始终坚持为人民服务、以人民为中心。以人民为中心有着深刻的理论逻辑、历史逻辑和现实逻辑。从理论逻辑看，它是对马克思主义群众观的坚持和发展；从历史逻辑看，它是对我国民本思想的继承与发扬；从现实逻辑看，它是中国特色社会主义实践的结果。以人民为中心的发展理念作为中国共产党一贯的优良传统，在不同的历史时期有着不同的表达，不论是“全心全意为人民服务”的宗旨、“一切为了人民，一切依靠人民”的群众路线，还是“以人为本”的发展观，都是对马克思主义人民观的继承与创新。

一、基本内涵

以人民为中心的发展思想，是习近平总书记在2015年11月23日中央政治局第28次集体学习时提出的治国方针理论。党的十九大报告对“以人民为中心”这一重要命题的丰富内涵作了深入阐述：“人民是历史的创造者，是决定党和国家前途命运的根本力量。必须坚持人民主体地位，坚持立党为公、执政为民，践行全心全意为人民服务的根本宗旨，把党的群众路线贯彻到治国理政全部活动之中，把人民对美好生活的向往作为奋斗目标，依靠人民创造历史伟业。”① 以人民为中心的思想是马克思主义阶级立场的体现，这一思想将人民的切身利益放在发展的中心位置，旨在强调人民的主体地位。坚持以人民为中心的思想体现了我们党对《共产党宣言》基本思想一以贯之的根本遵循，是马克思主义政治经济学的根本立场。坚持以人民为中心，在扶贫问题上就是坚定人民立场，坚持人民至上的重要原则和价值取向；就是坚持紧紧依靠人民；就是以最广大人民的根本利益为最高检验标准。

二、发展过程

新中国的发展史是一部壮丽的减贫史，从70多年来的减贫历程看，以人民为中心的指导理念，在不同的历史时期有着不同的表达。不论哪一个时期的人民群众观都丰富和发展了马克思主义政党的人民群众观，都为推进中国特色社会主义脱贫攻坚事业提供了坚实的理论指导和思想启迪。

---

① 《习近平在中国共产党第十九次全国代表大会上的报告》，人民日报，2017年10月28日。

（一）“依靠人民群众，走群众路线”

新中国成立以后，以毛泽东同志为代表的中国共产党人结合我国社会主义革命和建设的实际，不断丰富马克思主义人民群众观。这一时期的人民群众观主要包括两个方面的内容：一是高度重视人民群众在社会主义革命和建设时期的重要地位和作用。毛泽东指出："共产党基本的一条，就是直接依靠广大革命人民群众。"① 因此，在社会主义建设时期也要进一步调动广大人民群众投身于社会主义建设的积极性。二是贯彻党的群众路线。1956 年，党的八大正式将党的群众路线写进党章，党的群众路线经过系统阐述提升到一定地位。新中国成立初期，国家处于一穷二白面貌，人民生活处于极端贫困状态，例如 1949 年中国人均收入仅有 27 美元，大多数人处于绝对贫困的状态，生产力水平不高。这一时期，在依靠广大人民群众、动员广大人民群众投身于社会主义建设的人民群众观的指导下，调动广大农民的生产积极性，掀起了土地革命。1950 年冬，中央政府开始在全国新解放区进行土地改革。到 1952 年年底，共有约 3 亿无地或少地的农民，分得约 7 亿亩土地。1956 年年底，绝大多数农民走上了农业合作化道路。1957 年年底和 1958 年年初，中共中央决定组建人民公社。在发展农村生产力的同时，我国也初步建立了农村社会保障和社会救助制度，如大力建设乡村卫生所，实施免费教育、乡村合作医疗、赤脚医生、"五保"制度和特困人口救济等。这一时期农村基础设施的建设、农业技术的推广、农村合作医疗体系的建立等为减缓贫困奠定了基础。经过努力，我国的生产力得到较快发展，国民福利水平得到一定的提高，中国大规模的贫困得到缓解。这些成

① 毛泽东：《共产党基本的一条就是直接依靠广大人民群众》（1968 年），《建国以来毛泽东文稿》第 12 册，中央文献出版社，1998 年版，第 581 页。

就的取得与这一时期党和政府有力地调动人民群众的生产积极性和确立群众路线是分不开的。

（二）"以人民根本利益为导向、以共同富裕为目标"

1978年党的十一届三中全会，开启了我国改革开放和社会主义现代化建设新时期。以邓小平同志为代表的共产党人，进一步探讨"什么是社会主义、在中国如何进行社会主义建设"的问题，创立了邓小平理论，开辟了一条中国特色社会主义的道路。从1978年到现在，最重要的特征是改革开放，改革开放极大地解放了生产力，使我们学到了先进的技术、先进的管理经验等等，中国发展得更快更好了。在这一时期，以邓小平同志为代表的中国共产党人团结带领全党全国各族人民，科学回答了建设中国特色社会主义的一系列基本问题，成功开创了中国特色社会主义，形成了以人民根本利益为导向、以共同富裕为目标的人民群众观。这种人民群众观表现在尊重人民群众的首创精神，把是否有利于提高人民的生活水平作为衡量改革的标准，强调社会主义的本质是最终达到共同富裕。

（三）"代表最广大人民的根本利益为核心"

党的十三届四中全会确立了以江泽民同志为核心的第三代中央领导集体。以江泽民同志为代表的共产党人，进一步加深对"什么是社会主义、怎样建设社会主义"和"建设什么样的党、怎样建设党"的认识，提出了"三个代表"重要思想，即中国共产党代表中国先进生产力的发展要求、代表中国先进文化的前进方向、代表中国最广大人民的根本利益，形成了以最广大人民的根本利益为核心的人民群众观。在以江泽民同志为核心的党中央领导下，我国持续推进有计划的、大规模的扶贫，并适时实施了"八七"扶贫攻坚、东西部扶贫协作和西部大开发战略。

（四）“立党为公、执政为民”

党的十六大以后，以胡锦涛同志为代表的中国共产党人，进一步思考“新形势下要实现什么样的发展、怎么发展”等重大问题，顺应时势，提出了“以人为本、全面、协调、可持续发展”的科学发展观。这一时期形成了“立党为公，执政为民”的人民群众观。围绕着全面建设小康目标，持续推进《中国农村扶贫开发纲要（2001 年—2010 年）》与《中国农村扶贫开发纲要（2011 年—2020 年）》，既坚持开发式扶贫方针，也注意农村医疗、养老、教育等基本保障。

（五）“以人民为中心”

党的十八大以来，以习近平同志为代表的中国共产党人紧紧围绕“新时代坚持和发展什么样的中国特色社会主义、怎样坚持和发展中国特色社会主义”这个重大时代课题，形成了“以人民为中心”的人民群众观，强调人民是历史的创造者，是决定党和国家前途命运的根本力量；强调坚持人民主体地位，坚持立党为公、执政为民；强调尊重人民主体地位，依靠人民实现“中国梦”。党中央把扶贫开发工作摆在治国理政突出位置，扎实推进扶贫攻坚，扶贫的力度之大、规模之大、影响之大都是前所未有的。据国家统计局发布的《中华人民共和国 2019 年国民经济和社会发展统计公报》显示，我国贫困人口从 2012 年的 9899 万人减少到 2019 年的 551 万人，2019 年全年贫困地区农村居民人均可支配收入 11567 元，贫困发生率下降到 0.6%。[①]

---

① 中华人民共和国国家统计局：《中华人民共和国 2019 年国民经济和社会发展统计公报》，光明日报，2020 年 2 月 29 日，第 6 版。

三、主要做法

（一）坚持以人民为中心，就是坚持人民至上

坚持人民至上的重要原则和价值取向就是强调人民在扶贫工作这个系统工程中的中心地位，任何阶段的扶贫工作的开展，都要以人民利益的实现程度为核心。在我们党的历史上，党由弱变强就在于紧紧地抓住了孕育着势不可挡的力量的中国农村，以及最广大的人民群众。中国的农村孕育着中国的未来，只有抓住了最广大的人民群众，夯实了基础，才能打赢脱贫攻坚这场硬仗。社会主义建设时期在农村土地改革的推动下，我国通过大规模基础设施建设，初步建立起了农村供销合作及信用合作系统，形成了以“五保”制度和特困群体救济为主要内容的社会基本保障体系，新中国第一次在全国范围内减少了农村贫困。改革开放初期，通过农村土地经营权转移、农产品价格提升、劳动力转移等方面的制度改革，从中央到地方相继设立专门扶贫机构，出台一系列专门扶贫方针政策，极大地解放了农村生产力，从根本上缓解了农村的贫困状况，农村贫困人口不断减少。到 2012 年，中国农村的绝对贫困人口减少到 9899 万人。新时期，党中央为解决深度贫困问题提出精准扶贫方略，在普遍实现“两不愁”的基础上，重点攻克“三保障”方面的突出问题，坚决攻克最后的贫困堡垒，贫困人口从 2012 年的 9899 万人减少到 2017 年的 551 万人。从扶贫标准的变化看（如表 1-1），改革开放第一次设立的扶贫标准是 100 元，2000 年调整为 625 元，2011 年提高到 2300 元，扶贫标准的不断提高体现了中国贫困治理能力的不断提升。[①]

---

① 国务院新闻办公室：《中国农村扶贫开发的新进展》，2011 年 11 月。

表 1-1　1978 年至 2020 年中国农村贫困状况

年份	贫困线/（元/人）	贫困规模/万人	贫困发生率/%
1978	100	25 000	30.7
1984	200	12800	15.1
1985	206	12500	14.8
1986	213	13100	15.5
1994	440	7000	7.7
2000	625	3209	3.4
2008	865	4007	4.2
2010	2300	16567	17.2
2012	2625	9899	10.2
2017	2952	3046	3.1
2019	3218	551	0.6
2020	4000	0	0

数据资料来源：历年《中国统计年鉴》和国家统计局。其中，2010 年以前数据是根据历年全国农村住户调查数据、农村物价和人口变化，按现行贫困标准测算取得。

中国共产党在扶贫攻坚过程中始终坚持人民至上，把为人民谋幸福作为根本使命，始终保持同人民群众的血肉联系，让发展成果更多更公平地惠及广大贫困群众，把为人民创造幸福作为党始终不渝的奋斗目标，积极顺应人民群众对美好生活的向往和期待，把增进人民福祉、促进人的全面发展作为发展的出发点和落脚点，使改革发展成果更多更公平地惠及全体人民。

（二）坚持以人民为中心，就是坚持一切依靠人民

人民是历史的创造者，脱贫攻坚事业要依靠人民，激发贫困户的内在动力，最广泛地动员广大人民群众参与其中，充分调动包括贫困群众在内的社会各界的积极性、主动性、创造性，凝聚强大合力。

依靠人民首先要相信人民。贫困群众是扶贫工作的出发点和落脚点，是扶贫开发的最终受益者，最关心扶贫工作的成败，具有天然的、强烈的责任感。任何一项扶贫措施、任何一个扶贫项目，必须充分尊重群众的知情权、选择权和决策权，突出群众的主体地位。虽然贫困群众确实存在文化水平低、市场信息少、观念落后等问题，但他们在长期的生产生活中，形成了在恶劣的自然条件下生存与发展的生产方式，他们对扶贫活动最有发言权。群众不仅是扶贫开发的直接受益者，更是参与者、决策者、行动者，没有群众的主动参与、积极参与、辛勤劳动，扶贫成效就会大打折扣。只有群众把扶贫项目当成是自己的项目，才能真正参与其中，才能在建设中关心关注，在使用中悉心爱护，否则就会认为这是上面的项目与决策，在项目推进中就会不操心、不积极，出现损失浪费群众也不会心疼。

要依靠人民必须始终服务于人民。服务群众并不是群众想干什么就干什么，也不是群众想怎么干就怎么干，从此撒手不管、听之任之，这是对群众、对工作极大的不负责任。面对群众的意见建议，需要在政策宣传、规划引导、技术指导和市场信息等方面，给群众提供更多、更好、更及时到位的服务。越是强调尊重群众，干部的责任就越大、担子就越重，要勇于面对、敢于担当、善于服务。只有始终坚持站在人民群众中间，才能体会人民群众的疾苦和艰辛，脱贫攻坚工作才能更好地开展、更好地完成。

（三）坚持以人民为中心，就是坚持一切为了人民

检验脱贫工作的成效，最终要看人民是否真正得到了实惠，人民的生活是否真正得到了改善，人民的权益是否真正得到了保障。民心是最大的政治，党的一切工作必须以最广大人民的根本利益为最高标准。这是坚持立党为公、执政为民的本质要求，是党和人民事业不断发展的重要保证。有计划有组织地开展扶贫开发并取得巨

大成就的过程，也是发展成果惠及全体人民的过程。我国减贫除了达到大规模减少贫困人口这个最直接的减贫成果之外，还对人民群众生产生活产生了很多间接影响，例如脱贫攻坚大大改善了贫困地区的基础设施和公共服务。不仅贫困人口受了益，所有农村的农民都一起共享了这些成果，贫困地区人口脱了贫，产业发展起来、生态得到改善、农村治理得到很大提升。抓民生要抓住人民最关心、最直接、最现实的利益问题，抓住最需要关心的人群，一件事情接着一件事情办、一年接着一年干，锲而不舍向前走。脱贫攻坚也需要持续发力、久久为功，不断巩固脱贫成效。

第二节　共同富裕

一、基本内涵

共同富裕是中国特色社会主义的本质特征，既凝结了马克思主义科学社会主义的普遍共同本质，又反映了由我国实际情况和时代特征所赋予中国社会主义的鲜明特色。共同富裕主要指物质财富极大满足，全体人民通过辛勤劳动和相互帮助最终达到丰衣足食的生活水平，也是消除两极分化和贫穷基础上的普遍富裕。共同富裕不是同步富裕，而是收入分配差距维持在较为合理的范围，是普遍富裕上的差别富裕；共同富裕也不是同时富裕，而是一部分人一部分地区先富起来，先富的帮助后富的，逐步实现全体富裕；共同富裕是普遍富裕，但这种普通富裕不能靠现有财富的平均分配来实现。因此，共同富裕不可能是同步、同时、同等的富裕。

共同富裕是建设有中国特色社会主义理论的重要内容之一，是社会主义的本质要求和奋斗目标，也是我国社会主义的根本原则。从新中国成立初期到改革开放时期发展，再到中国特色社会主义新时代，共同富裕作为指导理念贯穿于我国的整个发展过程，在不同的历史时期具体实现路径虽有不同，但总体的实现路径主要表现为在发展过程中持续扶贫。

二、发展过程

马克思、恩格斯经过长期理论探索与实践，提出了共同富裕是人类社会发展的必然趋势，是社会全面发展的必要基础。[①] 新中国自成立以来，为了实现社会主义现代化发展目标，毛泽东、邓小平、江泽民、胡锦涛、习近平等党的五代领导人在推动我国经济社会发展，实现站起来、富起来到强起来的历史征程中，对共同富裕的具体实现路径进行了长期探索。

新中国成立之初，以毛泽东同志为核心的第一代中央领导集体就如何使农民达到共同富裕这一重要问题，提出农业合作化，在农村中消灭富农经济制度和个体经济制度，使全体农村人民共同富裕起来；建立人民公社制；农村财产公有制等。当时，开展农村的救济式扶贫工作，并将这项经验推广到手工业和工商业领域，走的是救济式扶贫来实现共同富裕的扶贫路径。后来，将共同富裕理解为同步富裕、同时富裕，对共同富裕的认识和把握经历了曲折的过程，但这些经验与教训对进一步探索共同富裕提供了宝贵的经验。

以邓小平同志为核心的第二代领导集体在深刻总结第一代领导人的经验和教训的基础上，又经过长期思考和探索，认为发展生产力必须进行改革，他明确地认定“贫穷不是社会主义，社会主义要消灭贫穷”[②]；“社会主义也不是少数人富起来、大多数人穷。要通过‘改革’使生产力得到极大解放、人民群众走上富裕之路，由此

---

① 刘琪：《实现共同富裕的基本条件有哪些》，《人民论坛》2018 年第 35 期，第 114 页。

② 邓小平：《邓小平文选》第 3 卷，人民出版社，1993 年版，第 225 页。

真正展现出社会主义制度的优越性”[①]。邓小平在南方谈话中提出：“社会主义的本质，是解放生产力，发展生产力，消灭剥削，消除两极分化，最终达到共同富裕。”[②] 邓小平明确提出了“先富—后富—共富”是通向共同富裕的捷径。改革开放初期，共同富裕理念的具体实现路径集中表现为以改革的方式助推扶贫。20 世纪 80 年代中期则开展了大规模、有计划、有组织的开发式扶贫。

以江泽民同志为核心的第三代中央领导集体在提出“三个代表”重要思想的同时，也将中国共产党对贫困问题的认识理解提高到了一个新的更加自觉的高度。[③] 江泽民在 1994 年中央扶贫开发工作会议上指出：“消灭贫困、实现共同富裕，是改革和发展的要求，也是维护稳定的重要条件。各地发展不平衡，有的快一些，有的相对慢一些，这是不可避免的。但是在这个过程中，我们必须始终关注贫困地区经济的发展，帮助这些地方尽快摆脱贫困，实现共同发展。”[④] 1994 年，国家“八七”扶贫攻坚计划在这一时期正式提出，用 7 年的时间，到 2000 年底基本解决当时全国 8000 万农村贫困人口的温饱问题。随着西部大开发战略、东西部对口扶贫等工作有序展开，中国政府通过一系列的措施使消除贫困的实践走上了均衡发展与可持续发展的轨道，向着共同富裕的道路继续前进。[⑤]

以胡锦涛同志为核心的党中央根据现代化建设的整体部署和反贫困工作的实际，提出了以科学发展观为指导，构建社会主义和谐社会的重大战略决策。党的十七大对全面建设小康社会提出了新的更高的要求，共同富裕的实现毕竟是一个长期的奋斗过程，因此必

---

① 邓小平：《邓小平文选》第 3 卷，人民出版社，1993 年版，第 364 页。

② 邓小平：《邓小平文选》第 2 卷，人民出版社，1994 年版，第 373 页。

③ 华正学：《江泽民反贫困思想的精神特质及成因分析》，《河北省社会主义学院学报》2015 年 10 月第 4 期，第 62 页。

④ 《江泽民思想年编（1989—2008）》，中央文献出版社，2010 年版。

⑤ 国务院：《中国农村扶贫开发纲要（2001—2010）》，2001 年 6 月 13 日。

须制定一系列阶段性目标以推动长远目标的贯彻落实，全面小康社会的奋斗目标就是一个阶段性的奋斗目标，给21世纪的反贫困事业注入了新的动力。

党的十八大以来，以习近平同志为核心的新一代党的领导集体坚定地指出："消除贫困、改善民生、实现共同富裕，是社会主义的本质要求。"[①] 进入中国特色社会主义新时代，伴随着改革开放以来中国经济的快速腾飞，发展不均衡不协调的矛盾也日益显现，贫富差距、社会公平问题更加凸显。面对错综复杂的社会问题，新时代的共同富裕则着眼于"在现阶段生产力较过去更为发达、社会物质产品更为丰富的前提下，如何把经济快速发展的成果更多地惠及每一位民众，实现人民的共同富裕，既要把蛋糕'做大''做好'，还要把它'切好''分好'"这一重要问题。因此，在新时代亟需推出新的扶贫政策来进一步攻坚克难，加速共同富裕的实现。由此，精准扶贫的理念应时而生。新时代共同富裕的指导理念的具体实现路径集中表现为以精准扶贫理念助推扶贫。

中国共产党在探索共同富裕实现路径的过程中，经历过惨痛的教训，也积累了许多经验、取得了巨大成就。不同的历史时期，共同富裕有着不同的具体实现路径，在发展过程中逐步形成中国特色社会主义共同富裕道路。但是，实现共同富裕是一个长期奋斗的历史过程，只有通过不断反思、总结党在探索共同富裕实现路径中的规律，才能最终实现共同富裕的目标。

三、实现路径

经过长期的探索与实践，我国在不断推进经济社会发展的基础上，逐步形成了推进区域协调发展、三次分配与公共服务均等化等

① 中共中央党史和文献研究院：《习近平扶贫论述摘编》，中央文献出版社，2018年版。

实现共同富裕的一般路径。

（一）区域协调发展

受资源禀赋、地理条件、发展政策等多重因素影响，我国区域发展不平衡的状态依然突出。因此，为发挥各地区比较优势和缩小区域发展差距目标，应建立区域协调发展的体制机制。我国的区域协作萌芽于新中国成立后东部地区对陕西、新疆、内蒙、西藏等西部和边疆省区的援助。改革开放后，我国逐步建立了区域协作体制机制。1979 年 4 月，在全国边防工作会议上，乌兰夫同志作了题为《全国人民团结起来，为建设繁荣的边疆，巩固的边防而斗争》的报告，提出要加速民族地区经济文化建设。随后，中共中央批转乌兰夫的报告，提出“要组织内地省、市，实行对口支援边境地区和少数民族地区，并明确规定北京支援内蒙古，河北支援贵州，江苏支援广西、新疆，山东支援青海，天津支援甘肃，上海支援云南、宁夏，全国支援西藏。”① 各民族之间的对口支援工作被确定下来。1994 年 5 月 19 日，国务院出台了《国家八七扶贫攻坚计划（1994—2000 年）》，明确“北京、天津、上海等大城市和广东、江苏、浙江、山东、辽宁、福建等沿海较发达的省、市，都要对口帮扶西部的一两个贫困省、市、区发展经济”。1996 年 5 月 31 日，国务院扶贫开发领导小组召开了“全国扶贫协作工作会议”，对东西部对口扶贫作出了具体部署。同年 7 月 6 日，国务院发布的《关于组织经济较发达地区与经济欠发达地区开展扶贫协作报告的通知》，确定了对口扶贫协作的细则。此后，随着西部开发、中部崛起、振兴东北战略的实施，区域间协作进一步加强。党的十八大以来，中国共产党始终坚持全国一盘棋，深化区域合作和对口帮扶措

---

① 国家民委政策研究室：《国家民委民族政策文件选编（1979—1984）》，中央民族大学出版社，1988 年版，第 242 页。

施，区域协调发展迈出了新步伐。

（二）三次分配

经济学家厉以宁很早就提出了“三次分配”的概念。他指出：市场经济条件下的收入分配包括三次分配。第一次是由市场按照效率进行分配；第二次是由政府按照兼顾效率与公平的原则，通过税收、扶贫及社会保障统筹等方式进行分配；第三次是在道德力量的作用下，通过个人收入转移、个人自愿缴纳和捐献等非强制方式再一次进行分配。[①] 此外，学者白重恩还提出了“零次分配”，即进入生产之前，各要素在不同群体之间的分配。可以进行“零次分配”的要素包括劳动力要素、资本要素、数据要素、生态要素等。他认为在初次分配中，谁拥有什么要素会影响到分配的结果。在“三次分配”前引入“零次分配”概念，兼顾效率和公平，能更有效的实现机会平等，对于共同富裕的实现有显著的作用。

（三）公共服务均等化

公共服务是指由政府、公共组织或经过公共授权的组织提供的具有共同消费性质的公共物品和服务、可分为基础公共服务、经济公共服务、公共安全服务、社会公共服务。公共服务均等化，是指政府要为社会公众提供基本的、在不同阶段具有不同标准的、最终大致均等的公共物品和公共服务。基本公共服务均等化是缩小城乡差距和贫富差距以及地区间不均衡发展的重要途径。扶贫开发的过程，就是在贫困地区不断推进基础设施、教育服务、医疗卫生、社会保障等公共服务的过程。推进乡村振兴、城乡融合，加强农村普惠性、基础性、兜底性民生建设，有利于进一步推动公共服务向农村延伸。

---

① 厉以宁：《股份制与现代市场经济》，江苏人民出版社，1994 年版，第 53—80 页。

（四）社会保障

社会保障，是指对社会成员特别是生活有特殊困难的人们的基本生活权利给予保障的社会安全制度。《中华人民共和国宪法》规定：“中华人民共和国公民在年老、疾病、或者丧失劳动能力的情况下，有从国家和社会获得物质帮助的权利。”一般来说，社会保障由社会保险、社会救济、社会福利、优抚安置等组成。城乡低保对象、特殊困难人群和低收入家庭为社会保障的重点对象。改革开放以后，我国已普遍开展了社会救济、救灾工作，建立了“五保”等保障制度。改革开放以来，随着经济社会的发展，我国逐步建立了多样化、多层次社会保障体系。

第三节　新发展理念

以“创新、协调、绿色、开放、共享”为主要内容的新发展理念，是中国共产党面对经济社会发展新趋势、新矛盾和新挑战，着眼于破解发展难题、厚植发展优势而提出的全新发展理念。2015年10月，党的十八届五中全会正式提出这一发展理念。新发展理念相互贯通、相互促进。其中，创新发展注重的是解决发展动力问题，协调发展注重的是解决发展不平衡问题，绿色发展注重的是解决人与自然和谐问题，开放发展注重的是解决发展内外联动问题，共享发展注重的是解决社会公平公正问题。2017年10月，党的十九大将新发展理念纳入新时代坚持和发展中国特色社会主义的基本方略。

一、创新发展

创新涉及社会、科技、经济、文化、政治等各个方面，是引领发展的第一动力。坚持创新发展，就要不断推进理论创新、制度创新、科技创新、文化创新。正是在创新驱动下，我国贫困治理战略、机制、模式才能得到不断发展。我国扶贫战略经历了 1949 年至 1985 年的救济式扶贫、1986 年至 2000 年的开发式扶贫、2001 年至 2012 年的综合扶贫以及 2013 年以来的精准扶贫等过程，并逐步形成了精准施策、协同治理、内外合力等扶贫机制。同时，在不同阶段还探索出一系列具有中国特色的贫困治理模式，如新中国成立后的救济扶贫，到改革开放时期的产业扶贫、精神扶贫、智力扶贫、东西部扶贫协作、定点扶贫，再到十八大以来的消费扶贫等。

二、协调发展

习近平总书记强调："协调既是发展手段又是发展目标，同时还是评价发展的标准和尺度，是发展两点论和重点论的统一，是发展平衡和不平衡的统一，是发展短板和潜力的统一。"[①] 协调发展强调发展的全面性、平衡性和可持续性，包括区域协调发展、经济社会协调发展、物质文明与精神文明协调发展。

扶贫工作应贯彻协调发展的理念，主要体现在三个方面。第一，在协调发展理念指导下，扶贫对象和项目的选择应主要倾斜于发展比较落后或者迫切需要摆脱贫困的地区。第二，协调发展要求发展的过程更加体现平衡性特点和要求。扶贫项目应能促使贫困地区实现物质与精神的双脱贫，使落后地区能够均衡发展。第三，协

① 习近平：《习近平总书记谈协调》，人民日报，2016 年 3 月 3 日，第 11 版。

调发展要求坚持可持续发展的目标和要求，不能为摆脱贫困而牺牲生态环境。

三、绿色发展

绿色发展理念强调以人与自然的和谐为价值取向，以绿色低碳循环为主要原则，以生态文明建设为基本抓手，绿色发展理念与其他四大发展理念相互贯通、相互促进，是我们党关于生态文明建设的最新成果。传统的粗放型发展方式，投入、耗能高，以牺牲自然资源和环境为代价，若不改变，将难以持续发展。绿色发展理念要求我们尊重自然、顺应自然、敬畏自然、保护自然，正确处理好人与自然的关系，正确处理好经济发展同生态环境保护的关系，推进形成绿色发展方式和生活方式，做到经济、社会与生态效益的统一。党的十八大以来，在绿色发展理念的指导下，逐渐形成了内涵逐步丰富的生态扶贫、旅游扶贫、科技扶贫等模式。这些新的扶贫模式催生了新的经济增长点，使生态建设与脱贫致富有机结合，促进了经济与生态的良性循环。绿水青山就是金山银山，不少地方通过发展乡村旅游、休闲农业等产业搞活当地的经济，进而把良好的生态环境这种潜在优势转化为经济发展优势，走出了一条可持续发展道路。

四、开放发展

开放发展，就是要在“引进来”“走出去”上双向发力，注重解决好发展的内外联动问题。开放推进了思想解放，形成了创新发展的时代氛围，给贫困治理带来了无穷的动力和活力。开放的过程，是一个结合自身实际，不断向外学习、借鉴外来贫困治理理念和经验的过程。在开放中，区域间的扶贫协作得以不断加强和深

化，并形成了内外合力、协同治理的局面。在开放中，中国结合自身国情，不断探索，最终形成了中国贫困治理方案。在开放中，中国提出并共建“一带一路”人类命运共同体，助力其他发展中国家摆脱贫困。

五、共享发展

共享发展作为新发展理念的重要内容，是中国特色社会主义的本质要求，是五大发展理念的归宿，也是我国经济发展的出发点和落脚点。共享发展与共同富裕有着密切的联系。习近平总书记在阐述共享发展的实质时指出：“共享理念的实质就是坚持以人民为中心的发展思想，体现的是逐步实现共同富裕的要求。”①

共享是全民共享、全面共享、渐进共享和共建共享。全民共享强调共享的覆盖面，即让发展的红利惠及全体人民。纵览我国的扶贫历程，在不同历史时期制定不同的战略规划，实现目标范围内贫困人口如期脱贫就是在推进全民共享。

全面共享强调共享不只是单纯的对社会物质财富的共享，还体现在对人民生活质量、健康水平、思想道德素质和科学文化素质等方面的提高和保障上。习近平总书记指出：“我们的人民热爱生活，期盼有更好的教育、更稳定的工作、更满意的收入、更可靠的社会保障、更高水平的医疗卫生服务、更舒适的居住条件、更优美的环境，期盼孩子们能成长得更好、工作得更好、生活得更好。人民对美好生活的向往，就是我们的奋斗目标。”② 人民对美好生活的向往是包含方方面面的。脱贫事业必须保证贫困群众能够享有在公共服务、公共医疗、义务教育、社会保障等方面的基本权利，能够共

① 习近平：《习近平谈治国理政》第 2 卷，外文出版社，2017 年版，第 23 页。

② 《人民对美好生活的向往，就是我们的奋斗目标》（2012 年 11 月 15 日），《十八大以来重要文献选编》（上），中央文献出版社，2014 年版，第 70 页。

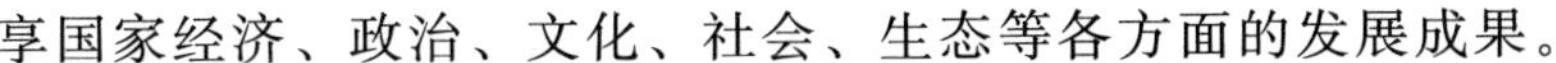
享国家经济、政治、文化、社会、生态等各方面的发展成果。

渐进共享强调的是共享的速度问题。共享发展不是绝对平均，也不是自我中心，更不是坐享其成、一夜暴富，共享发展注重的是解决社会公平正义的问题。我国幅员辽阔，各地发展水平不一，以共享发展理念助力脱贫攻坚、推进乡村振兴的过程，具体途径与方式有所不同，脱贫的速度也会参差不齐，困难群众对共享的满足程度也会有所差异。各地在脱贫致富奔小康的道路上也呈现出有先有后，有快有慢，因地制宜，循序渐进的过程。但可明确的是渐进共享的过程是通过脱贫攻坚、乡村振兴不断缩小差距的过程。

共建共享强调的是共享过程中的主体和动力问题，共享的主体也是共建的主体，共享必须以共建为前提，只有人人参与、人人都奉献自身力量，才能实现人人共享。脱贫攻坚过程中激发群众的自我意识，目的就是让贫困群众以主人翁的姿态自主地参与到共建中来。

第二章 加强党的领导

加强党的领导是中国贫困治理的重要经验，也是实施脱贫攻坚工作的根本保证。贺卫认为党的领导为新时期的脱贫攻坚工作提供了强大的政治保证、思想保证、组织保证；脱贫攻坚的实践也为加强和改善党的领导、推进党的建设伟大工程、提高治国理政的能力和水平提供了重要的实践土壤、坚实的群众基础和可靠的人才支撑，二者在脱贫攻坚的实践中形成了一种良性互动。[①] 冯菊从坚持中国共产党的领导、加强党的自身建设和强化基层工作三个方面，说明坚持党的领导使扶贫方向保持正确。[②] 中国减贫体系之所以能够高效运转，在于中国共产党强有力的领导。中国共产党以扶贫开发工作总揽农村工作全局，推进贫困地区农村各项事业发展；实行一把手责任制，从中央到地方将扶贫任务落到实处；加强基层组织建设，把握脱贫攻坚的最后一里路。

第一节 以扶贫开发工作总揽农村工作全局

中国减贫事业之所以能够取得成功，离不开中国人民非凡的决心和毅力，更离不开中国共产党极富远见的领导力。消除贫困、改

---

① 贺卫、潘锦云：《党的全面领导在脱贫攻坚中的作用研究初探——基于党的建设理论视角》，《华北理工大学学报（社会科学版）》2020 年第 1 期，第 58—63 页。

② 冯菊：《改革开放以来我国扶贫思想研究》，《世纪桥》2018 年第 7 期，第 8—9 页。

善民生、逐步实现共同富裕，是社会主义的本质要求，也是践行党的初心使命的必然要求。改革开放以来，中国共产党基于不平衡、不充分发展的基本国情，从顶层设计的高度制定了扶贫开发战略和政策，为贫困治理指明了方向。特别是党的十八大以来，以习近平同志为核心的党中央始终总揽全局、协调各方，始终发挥谋大局、定政策、把方向的领导作用，从全面建成小康社会出发，把扶贫开发工作纳入“五位一体”总体布局、“四个全面”战略布局，作为实现第一个百年奋斗目标的重点任务，作出一系列重大部署和安排，全面打响脱贫攻坚战。党的十九大进一步把脱贫攻坚作为决胜全面建成小康社会必须打好的三大攻坚战之一，进一步作出重大部署。党中央把提高脱贫质量放在首位，聚焦深度贫困地区，为攻克贫困的难中之难和坚中之坚、夺取脱贫攻坚全面胜利制定行动方案，以脱贫攻坚引领贫困地区经济社会的全面发展。

习近平总书记多次强调：“脱贫攻坚，加强领导是根本。必须坚持发挥各级党委总揽全局、协调各方的作用，落实脱贫攻坚一把手负责制，省市县乡村五级书记一起抓，为脱贫攻坚提供坚强政治保证。”① “凡是有脱贫攻坚任务的党委和政府，都必须倒排工期落实责任，抓紧施工、强力推进。特别是脱贫攻坚任务重的地区党委和政府要把脱贫攻坚作为‘十三五’期间头等大事和第一民生工程来抓，坚持以脱贫攻坚统揽经济社会发展全局。”② 党的十八大以来，贫困地区人口实现脱贫只是脱贫攻坚战最低的底线要求。引领经济社会发展表现在以脱贫攻坚为主要抓手，聚焦贫困，解决地方产业布局、公共服务、医疗卫生、基础教育、基层党建、生态发展等问题，可以说就是用贫困治理带动社会治理。以河南省兰考县为

① 中共中央党史和文献研究院：《在打好精准脱贫攻坚战座谈会上的讲话》（2018 年 2 月 12 日），《习近平扶贫论述摘编》，中央文献出版社，2018 年版，第 50 页。

② 中共中央党史和文献研究院：《在中央扶贫开发工作会议上的讲话》（2015 年 11 月 27 日），《习近平扶贫论述摘编》，中央文献出版社，2018 年版，第 40 页。

例，2014年以来，兰考县把脱贫攻坚与构建特色产业体系、构建新型城镇化体系、构建公共服务体系有机结合，实现了以脱贫攻坚统揽经济社会发展全局。

在脱贫攻坚与构建特色产业体系结合方面，兰考县坚持以培育壮大主导产业为引领，以乡镇特色产业园区为支撑，积极构建特色产业体系。对于产业集聚区，围绕主导产业，坚持招大引强；对于乡镇，以带动就业为目的，按照“一乡一业”或“多乡连片一业”原则，大力发展主导产业、前端产业和配套关联企业，建设特色产业园区，带动群众创业和就业；对于农村，积极培育龙头企业引领、规模养殖支撑、饲草种植配套“三位一体”的畜牧产业化；同时，大力发展群创产业，培育示范村，吸纳农民在家门口就业。兰考县将脱贫攻坚与特色产业结合的做法为脱贫致富奔小康奠定了坚实基础。

在脱贫攻坚与构建新型城镇化结合方面，兰考县的主要做法有三点。一是提升城市综合实力。通过“管理、改造、建设、教育”四条途径，实现从“一个县”到“一座城”的转变。二是大力建设美丽乡村。按照“绿、亮、净、美、畅”标准，持续开展农村人居环境整治，有效提升小城镇辐射带动能力。三是积极完善基础设施。实施“四横六纵”工程，打造全县“半小时通勤圈”，为县域发展提供有力支撑。

在脱贫攻坚与构建公共服务体系结合方面，一是完善公共文化服务平台。对县图书馆、文化馆、体育场、文化交流中心等公共文化设施实行免费开放，为公众提供便利的公共文化服务平台。二是培育兰考文化旅游品牌。着力发展文化休闲旅游产业，建设焦裕禄精神体验教学基地、铜瓦厢旅游度假区、民族乐器小镇等，打造以红色旅游、黄河文化、绿色生态为主的旅游环线。三是强化乡村公

共文化服务平台建设。[①]

正是党和政府以扶贫开发总揽农村工作全局，针对不同人群组织、实施扶贫发展规划，全党、全国、全社会上下同心，集中力量攻坚克难，才使得我国扶贫开发取得了全面胜利。这彰显了中国共产党领导和我国社会主义制度的政治优势。

第二节　一把手责任制

党领导扶贫开发，就是要坚持中央统筹、省负总责、市（地）县抓落实的管理体制。在此过程中，党政一把手要负扶贫开发工作责任。中央做好政策制定、项目规划、资金筹备、考核评价、总体运筹等工作，省级要做好目标确定、项目下达、资金投放、组织动员、检查指导等工作，市（地）县要做好进度安排、项目落地、资金使用、人力调配、推进实施等工作。党政一把手要当好扶贫开发工作第一责任人，深入贫困乡村调查研究，亲自部署和协调任务落实。

一、强化一把手责任

（一）一把手责任的含义

一把手责任制是行政首长负责制的俗称，也是我国民主集中制的一种形式。一把手指的就是党政一把手，一般指各级部门的党委书记。一把手责任主要是指各级政府及其部门的首长在民主讨论的基础上，对本行政组织所管辖的重要事务具有最后决策权，并对此全面负责，也就是说各级部门的党委书记要负总责。脱贫攻坚作为关系到国家发展全局性、关键性、重要性的工作，同样实行一把手

① 《兰考以脱贫攻坚统揽经济社会发展全局》，河南日报，2016年10月20日。

负责制。为了增强一把手的责任意识，提高担当的责任，要强化一把手负责制，构建扶贫有责、扶贫负责、扶贫尽责的责任体系，切实落实领导责任，才能确保扶贫规划落到实处。中央、省级、市县要层层签订脱贫攻坚责任书，每年向中央作扶贫脱贫进展情况报告。省级党委和政府要向市、县、乡镇提出要求，层层落实责任制。具体来讲，可以从中央、省级、市县三个层面概括。

1. 中央统筹

党中央作为国家最高领导集体，有着总揽全局、协调各方的作用。中央统筹扶贫工作的开展，这是落实一把手责任的第一步。中央统筹包括：第一，党中央、国务院主要负责统筹制定重大政策举措，相继颁布出台一系列政策。1984 年中共中央、国务院颁布了《关于帮助贫困地区尽快改变面貌的通知》，开始了有针对性的大规模的开发式扶贫行动；1986 年国务院成立贫困地区经济开发领导小组办公室（后于 1993 年改为国务院扶贫开发领导小组），从上到下地成立了扶贫机构；1994 年颁布了《国家八七扶贫攻坚计划》；2001 年中共中央、国务院颁布了《中国农村扶贫开发纲要（2001—2010 年）》；2011 年，中共中央、国务院颁布了《中国农村扶贫开发纲要（2011—2020 年）》，为贫困治理指出了具体的方向和目标。第二，国家确定扶贫开发大政方针。20 世纪 80 年代中期，中共中央确立了以经济建设为中心，通过发展生产、改善条件、增强贫困地区贫困人口自我发展能力，达到脱贫致富的开发式扶贫方针。党的十八大以来，中共中央更加注重扶贫的精准度，要求扶贫资源与贫困户的需求准确对接，提出了精准扶贫、精准脱贫的方略。第三，规划重大工程项目，大力投入扶贫专项财政资金。例如，为了帮助老少边穷地区尽快改变贫困落后面貌，1982 年安排“‘三西’农业建设专项补助资金”，对甘肃的河西、定西和宁夏的西海固地区进行开发式扶贫。随着扶贫力度加大，扶贫资金也在逐年增加，中央财政扶贫资金从 2013 年到 2019 年持续增长，年增幅达 21%（表 2-1）。

表 2-1 中央财政专项扶贫资金历年投入情况（2010 年至 2016 年）

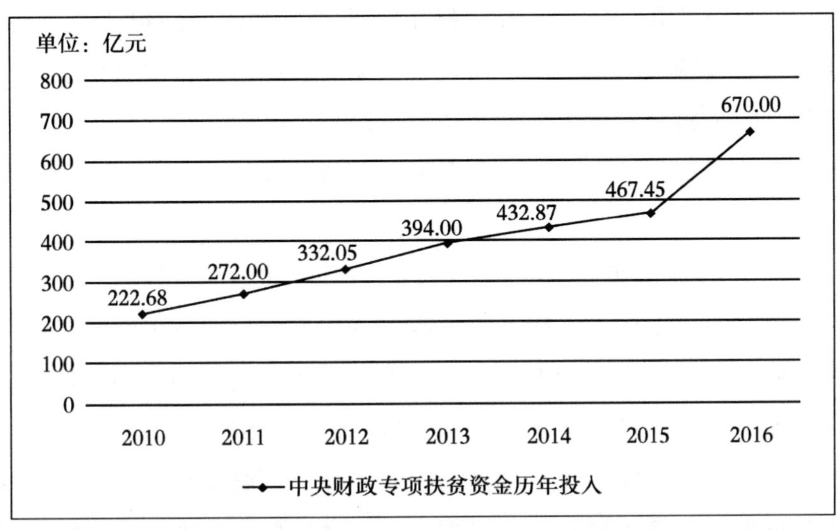

中央层面的统筹还包括其他部门要切实落实本部门的责任。国务院扶贫开发领导小组负责全国脱贫攻坚的综合协调，建立系统的工作机制，例如扶贫成效考核机制、贫困县约束机制、督查巡查机制、贫困退出机制、扶贫信息共享机制等，还应定期向国务院报告工作情况；中央纪委机关要对扶贫工作进行监督和问责；最高人民检察院对扶贫领域职务犯罪进行集中整治和预防；国家审计署对扶贫政策落实和资金重点项目进行跟踪审计。

2. 省负总责

省级党委和政府对本地区脱贫攻坚工作负总责，并确保责任制层层落实。首先应全面贯彻党中央、国务院关于脱贫攻坚的大政方针和决策部署，并结合本地区实际制定政策措施，做好本地区的中、长期扶贫规划及年度扶贫目标确定、项目下达、资金投放、组织动员、监督考核等工作。具体来说，在脱贫目标方面，省级党委和政府主要负责人要向中央签署脱贫责任书，每年向中央报告扶贫脱贫进展情况。在脱贫专项资金方面，省级党委和政府应当调整财政支出结构，建立扶贫资金增长机制，明确省级扶贫开发投融资主体，确保扶贫投入与脱贫攻坚任务相匹配，省级部门也要加强资金投入的检查监督和审计，及时纠正和处理扶贫领域违纪违规问题。在落实省级脱贫工作机制方面，省级党委和政府要落实贫困县考核机制、约束机制、退出机制，要统筹使用扶贫协作、对口支援、定点扶贫等资源，广泛动员社会力量参与脱贫攻坚，保证不脱贫不调整、不摘帽不调离。

3. 市县抓落实

市一级要做好上下衔接、域内协调、督促检查等工作，把精力集中在贫困县如期摘帽上。县一级承担主体责任，书记和县长是第一责任人，做好进度安排、项目落地、资金使用、人力调配、推进实施等工作。县级是扶贫工作的一线指挥部，要加强统筹谋划，落实领导责任，强化抓基层的工作导向，增强群众工作本领。对县级领导干部、资金使用和管理、脱贫目标任务完成等工作进行督促、检查和监督。县级党委作为一线指挥部和第一责任人要承担脱贫攻坚主体责任，负责制定实施规划，优化配置各类资源要素，组织落实各项政策措施。具体而言，包括指导乡、村组织实施贫困村、贫困人口建档立卡和退出工作，对贫困村、贫困人口精准识别和精准退出情况进行检查考核。政策宣传方面，市县一级要充分调动贫困群众的主动性和创造性，把脱贫攻坚政策措施落实到村到户到人。同时，还应坚持抓党建促脱贫攻坚，强化贫困村基层党组织建设，选优配强和稳定基层干部队伍。

（二）签署扶贫军令状

1. 签署扶贫军令状的概况

军令状源于中国传统文化，军令状与军队行军作战有着密切的关系，意为接受军令后立下的保证书，表示如果不能完成任务，愿依军法治罪。军令状是承诺书更是责任状，其目的是为了加强指挥者的责任感，确保战斗的胜利。现泛指接受某项重大任务后写的保证书，因此范围不仅仅只是局限于军队，还涉及国家治理的多个部分。例如全面深改军令状、作风整改军令状、扶贫开发军令状、从严治党军令状。

军令状管理是一种科学的行政管理方法和人事管理制度。[①] 在我国以军令状的形式进行环境治理、治党治军、扫黑除恶、扶贫开发等方面的治理并不少见，但由于实际操作中军令状并没有得到真正的落实，往往流于形式、成为口号、徒有虚名。2015 年 11 月 27 日至 28 日，在中央扶贫开发工作会上，22 个脱贫任务重的省区市党政主要负责同志向中央签订了《脱贫攻坚责任书》，这相当于 22 个脱贫任务重的省区市向中央签署了军令状。[②] 在扶贫开发的攻坚冲刺期，要通过产业脱贫、易地搬迁、生态保护、教育支持、医疗救助等方式，使剩余的 7000 余万贫困人口如期脱贫。中共中央、国务院《关于打赢脱贫攻坚战的决定》明确指出，到 2020 年，稳定实现农村贫困人口不愁吃、不愁穿，义务教育、基本医疗和住房安全有保障，确保我国现行标准下农村贫困人口实现脱贫，贫困县全部摘帽，解决区域性整体贫困。以前多流于口头说法的军令状通过这次会议，首次以正式文件形式呈现，通过层层签订责任书，形成问题倒逼机制，层层落实脱贫责任。扶贫军令状是十八大以来唯一一项由党政一把手向中央立军令状的工作，这也表明了党中央对于贫困治理的决心与勇气。

2. 签署扶贫军令状的意义与成效

签署扶贫军令状有利于如期打赢脱贫攻坚战。通过强化纪律、责任和监督，形成不同层级政府之间扶贫工作的合力，以早日赢得

---

① 何晏、郑明达：《脱贫攻坚谁负责？咋考核？——访中国国际扶贫中心主任黄承伟》，《半月谈》2015 年第 23 期，第 19—21 页。

② 顾仲阳：《22 个省区市和中央签署脱贫军令状》，《农村工作通讯》2015 年第 23 期，第 8—9 页。

脱贫攻坚战。各级军令状正在凸显扶贫脱贫的实效，驻村帮扶全覆盖，每个贫困村都有一个驻村帮扶工作组，每个贫困户都有帮扶责任人，贫困村不摘帽、贫困户不脱贫，工作组不撤出。军令状设有奖惩制度，脱贫任务完成好的有奖励，出问题的则要追究责任。这令各级党委和政府形成压力，必然会全力以赴开展扶贫工作。因此，扶贫军令状能够在一定程度上充分激发地方政府尤其是基层在扶贫工作中的积极性和主动性。贫困地区也将会根据实际情况确定脱贫目标与战略，实现早日赢得扶贫攻坚战。扶贫的主体是党政责任人，脱贫的主体是贫困群众，军令状是硬指标，完不成任务，就会有惩罚；脱贫成效还设有软指标，群众不满意、不认可就无法完成任务。完成脱贫任务的过程也是扶贫干部的试炼过程，扶贫工作者的责任意识和担当精神，实际技能和业务素质也会在试炼中提升。

军令状营造了全党全社会团结一致为全面建成小康社会目标奋进的社会氛围。军令状是一种誓言，展示了共产党人与时俱进、敢于创新的务实精神，与敢说敢做、敢于负责的执政态度。

（三）实施一把手责任的意义

1. 有利于落实扶贫责任机制

通过党政一把手负总责的扶贫开发工作领导责任机制，中央与地方各层级各司其职，形成中央统筹、省负总责、市（地）县抓落实的管理体制和中央与地方联动的局面。党政一把手签订脱贫攻坚责任书、递交脱贫攻坚军令状，向中央作出承诺，由省市县乡村五级书记一起抓扶贫，层层落实责任。由于建档立卡的贫困人口都在村里，村是脱贫攻坚的第一线，县是指挥部，县里向贫困村派出第一书记和驻村工作队，建设好村“两委”，把脱贫攻坚任务落实到“最后一里路”。扶贫一线的党员干部严格落实责任，牢牢把握主攻重点，精准实施产业扶贫，定好脱贫目标、选好脱贫项目、建好扶贫机制、推进贫困户脱贫增收。在具体扶贫工作中，财政专项资金落实“负面清单”制度，反对面子工程，对重大扶贫项目进行评估，领导干部签订贫困户帮扶责任承诺书、扶贫工作承诺书等方式落实扶贫责任。

2. 有利于强化扶贫督导和监督

脱贫攻坚的一把手责任，有利于强化扶贫工作中的督导和监督。脱贫攻坚是最基本的民生工程，也是巩固党的执政基础、事关国家长治久安的政治任务。扶贫工作中，不免有一些领导干部出现形式主义、不作为、乱作为等违纪行为，或是挪用扶贫资金、监守自盗、收贿受贿等违法行为，严重影响了脱贫攻坚的进程和社会的公平正义。有责任就要接受监督，以往出现的很多问题往往与监管不力有关。

实施一把手责任工程以来，通过从中央到地方不断完善公开扶贫透明机制、健全内外扶贫监督体系，有效强化扶贫督导和监督，形成长效责任机制。在中央层面，以中央正式文件的形式让扶贫任务上升到国家立法层面，将扶贫中的指导意见、扶贫原则、扶贫宗旨、扶贫目标、扶贫考核办法等纳入到国家的政策议程当中，强化扶贫督导和监督，不定期地开展脱贫攻坚巡视“回头看”，找短板、补弱项，照单整改，推进工作落实，充分发挥督导的警示作用。地方层面，通过“三个承诺书”完善监督体系。各重点责任单位、乡镇、村委签订《扶贫领域监督执纪问责公开承诺书》，重点岗位重点人员签订《扶贫领域监督执纪问责重点岗位重点人员承诺书》，工程承建方签订《扶贫建设工程廉洁自律承诺书》，并在党（政、村）务公开栏面向社会公开承诺，以社会监督推动“加压”。

3. 有利于脱贫攻坚稳步推进

打赢脱贫攻坚战是全面建成小康社会的底线目标，到 2020 年要实现“两不愁、三保障”。在 2014 年底，全国仍有 7000 多万农村贫困人口，实现到 2020 年全部脱贫的目标，每年要减少 1000 多万人。打赢脱贫攻坚战，党的领导是脱贫攻坚最大优势。一把手责

任制通过党政一把手签订脱贫攻坚责任书，向中央作出承诺，层层落实责任，省市县乡村五级书记一起抓扶贫，地方立军令状，中央专项巡视，脱贫攻坚向全面建成小康社会的底线目标稳步推进。从2013年到2019年，我国每年减贫人数都保持在1200万以上。2014年底，国务院扶贫办公布全国832个贫困县名单，分布在22个省份。2016年摘帽28个县，2017年摘帽125个县，2018年摘帽283个县。

坚持五级书记抓扶贫，严格实行党政“一把手”负总责的限期脱贫责任制，统筹各方面资源和力量，加大各方帮扶力度，加大督察考核力度，加大专项治理力度，为打赢脱贫攻坚战提供了坚强保障。

第三节　加强基层组织

基层党组织是做好扶贫开发的关键，打赢脱贫攻坚战，首先要抓好农村基层党组织建设。基层组织是脱贫攻坚战的直接带动者，是群众自主脱贫的思想引领者，也是上级组织与困难群众沟通的桥梁。发挥基层党组织的先进性作用在扶贫工作中尤为重要。党中央始终把夯实农村基层党组织同脱贫攻坚有机结合，充分发挥农村基层党组织在打赢脱贫攻坚战中的战斗堡垒作用。

一、基层组织的重要性

（一）基层组织是脱贫攻坚战的直接带动者

在五级书记抓扶贫的格局中，村一级直接面对的就是贫困户，可以说村级组织是脱贫攻坚最直接的带动者。这种直接带动作用体现在：村干部作为最了解村庄发展情况、与老百姓直接接触的父母官，有义务、有责任带领和引导群众想方设法发展地方经济，抓好产业发展，探索适合地方脱贫的新路子。自脱贫攻坚战略实施以来，各地形成了“支部＋产业”“党员＋贫困户”等“党建＋”模式，有力助推了基层党建工作，让基层党组织和党员在引领和推动农村脱贫致富中发挥了重要作用。

（二）基层组织是群众自主脱贫的思想引领者

党的基层组织是党执政的组织基础，肩负着直接教育党员、管理党员、监督党员和组织群众、宣传群众、凝聚群众、服务群众等重要职责。习近平总书记在党的十九大报告中明确指出，要以提升组织力为重点，突出政治功能，把基层党组织建设成为宣传党的主张、贯彻党的决定、领导基层治理、团结动员群众、推动改革发展的坚强战斗堡垒。[①] 农村基层党组织是农村各种组织和各项工作的领导核心，是确保党的路线方针政策和决策部署贯彻落实的基础。脱贫攻坚不仅仅是物质上的脱贫，还要丰富群众的文化生活，使之达到思想上、精神上的富足。习近平总书记强调扶贫要扶志，扶贫先扶志。扶志就是激发困难群众精神层面的内在动力，这就需要基层干部发挥思想引领的作用。农村基层普遍存在群众文化生活匮乏、思想素质偏低、政治理论水平不高的情况，要解决这一困境，就要充分发挥基层党组织的作用。打铁还需自身硬，首先党员干部自身要提高思想素质水平，起到模范带头作用，影响群众的思想素质。

① 习近平：《决胜全面建成小康社会夺取新时代中国特色社会主义伟大胜利——习近平在中国共产党第十九次全国代表大会上的报告》（2017 年 10 月 18 日），人民出版社，2017 年版，第 65 页。

（三）基层组织是上级组织与困难群众沟通的桥梁

有组织就会有依靠，基层党组织作为基层群众的带头力量，是上级党组织和基层群众沟通的重要桥梁。党的基层组织有责任把党的方针、政策、制度及时宣传、贯彻到群众中去，也有义务将群众的意见、建议、呼声和期待反映到党的上级组织中来。群众有任何困难，都能够有党组织和基层党员干部作为支撑，有困难、有想法，向党组织反映，总能得到积极回应，这样不仅能建立党群干群的密切关系，更能推动基层工作的有序开展。党的根本宗旨是全心全意为人民服务，基层党组织就在人民群众身边，要组织广大党员为人民群众排忧解难，为群众办实事、办好事，在直接服务群众中树立党的良好形象和威信，增强党的凝聚力和号召力。

二、扶贫工作加强基层组织的途径

做好扶贫工作，关键在基层党组织。扶贫工作通过激发基层组织内部活力、充实基层人才队伍，加强了党对农村的全面领导。

（一）激发基层组织内部活力

要在扶贫工作中体现基层组织的作用、发挥基层组织的强劲战斗力，归根到底是要激发基层组织的内部活力。扶贫工作通过完善农村基层组织建设、密切干群联系，构建基层组织运行的长效机制，为基层组织科学有效运转提供制度支撑。

1. 完善基层组织建设

第一，完善农村基层党支部各项制度机制。我国农村基层党建工作长期缺乏有效监督的措施，在脱贫攻坚中，农村基层党支部应建立健全各项规章制度和符合农村特点的党内考核制度。一是建立农村基层党支部工作考核机制，明确党支部书记任期责任、目标要求，加强对党支部书记的日常、年度考核工作。二是实行村务公开制度，加强党员监督和群众监督，扩大党员与群众的知情权、参与权和监督权，充分发挥监督对农村党支部领导班子建设的作用。

第二，配好农村基层一把手，发挥党员先锋模范作用。要求基层支部书记要熟练掌握党务知识，具备较高的党性修养，能够站在全局和时代的高度，认识、看待实际工作和现实生活中遇到的各种问题，正确处理好新事物、新情况和新问题，在本职岗位上创造出一流的成绩，具有较强的敬业奉献精神、创新意识及亲和力。

第三，在基层干部教育方面，强化农村党支部书记培训。农村党支部书记素质的高低直接关系到农村党建工作的好坏。因此，采取送出去培训、交流经验等多种形式，加大了对农村党支部书记的培训力度，提高农村党支部书记的素质。

2. 密切联系群众

扶贫是一项重要的民生工程，基层党组织直接面对的就是广大基层群众。脱贫攻坚要求基层干部密切联系群众，时刻考虑如何做好“群众”脱贫工作。

第一，在实施扶贫项目前要尊重群众，积极了解群众的真实想法，站在他们的角度上思考问题，了解他们对未来的规划，遇到群众不理解的问题，应积极进行沟通和说服。

第二，对群众最关心的问题，应及时进行村务公开，保障群众对政策、项目实施的知情权；村监委要加大对村级党务、村务、财务的监督力度，打消群众的怀疑；完善村务公开信息反馈制度。

第三，一切以提升群众满意度为导向。基层干部要在发展产业、增加收入方面花心思、下力气，让人民群众切实感受到、享受到扶贫政策的红利，不让扶贫成为纸上谈兵。同时，也要加强政策宣传引导，强化贫困户自身学习培训，努力改善公共服务、加大扶志力度、提高治理水平，提升群众满意度和获得感。

（二）充实基层人才队伍

除了激发基层组织内部活力的途径以外，充实和加强基层人才队伍建设，为农村基层组织带来了生机与活力。

1. 鼓励大学生下基层

贫困地区的发展面临最主要的制约便是人才制约。我国农村尤其是贫困地区农村的人才流失非常严重，基层人才队伍结构比例失调，农村发展缺乏后劲与活力。应积极号召大学生毕业返乡，回到基层，为基层队伍注入活力。早在2005年，我国就下发了中共中央办公厅、国务院办公厅印发《〈关于引导和鼓励高校毕业生面向基层就业的意见〉的通知》。2006年，则颁布了《关于组织开展高校毕业生到基层从事支教、支农、支医和扶贫工作的通知》，开始进行“三支一扶”，以中央文件的形式引导大学生到基层就业。鼓励大学生到基层就业既能解决毕业生就业问题，又能弥补农村人才匮乏，优化农村人才结构。

2. 选派扶贫驻村工作队

自综合扶贫阶段实施整村推进以来，我国就不断下派驻村第一书记，加强了贫困村组织建设。2015年5月，中央组织部、中央农工办、国务院扶贫办印发了《关于做好选派机关优秀干部到村任第一书记工作的通知》，要求向党组织软弱涣散村和贫困村选派第一书记；2017年，又出台了《关于加强贫困村驻村工作队选派管理工作的指导意见》，扶贫驻村工作队模式以中央文件的形式确定下来。在精准扶贫背景下存在两种常见的驻村模式：一是下派驻村工作队，由驻村工作队队长兼任第一书记；二是直接选派一名干部驻村担任第一书记。① 选派扶贫驻村工作队是在贫困地区内生动力

---

① 位杰、徐海峰：《驻村制度：精准扶贫视域下嵌入式扶贫模式探析——基于河北省顾家台村的调查研究》，《太原理工大学学报（社会科学版）》2020年4月第38卷第2期，第27—29页。

不足的情况下，借助外力的嵌入式扶贫模式，即通过党和政府的力量引入外部资源进行帮扶，是实现精准脱贫的有效途径。第一书记往往是指从各级机关优秀年轻干部、后备干部，国有企业、事业单位等优秀工作人员和以往因年龄原因从领导岗位上调整下来、尚未退休的干部中选派到村担任党组织负责人的党员。从选派要求也可以看出，选派的都是有经验、担责任、肯做事的优秀干部。驻村工作队在下派后应调研、了解村情，协助村两委加强基层组织建设，制定发展规划，推动精准扶贫，不断提升基层的治理水平。

第三章 动员全社会力量

动员全社会力量指的是在党的正确领导下，动员、鼓励广大人民群众、社会组织、社会团体、企事业单位积极主动地加入到扶贫、脱贫工作中，改变贫困地区的面貌。广泛动员社会力量参与扶贫，构建“三位一体”的大扶贫格局是我国扶贫工作不断取得成就的宝贵经验，是中国扶贫开发道路的重要特征。社会扶贫主要表现为，通过政府的组织，实施挂钩帮扶、定点扶贫与东西部扶贫协作；通过政府的引导，让民营企业参与扶贫；通过发展慈善事业，推进民间社会扶贫。这些做法加快了我国脱贫事业的进程。

第一节 政府扶贫

政府是扶贫政策的制定者和扶贫工作的推动者。同时，政府也是扶贫开发工作的参与者。政府部门通过挂钩帮扶、定点扶贫和东西部扶贫协作，发挥着举足轻重的作用。

一、挂钩帮扶

（一）发展历程

“挂钩”比喻二者产生联系，挂钩帮扶指的是挂钩结对帮扶。挂钩帮扶首先确定结对帮扶的对象，各部门、各单位设置挂钩帮扶单位，向有脱贫任务的县、乡、村派驻工作队，设置挂钩帮扶责任人。挂钩帮扶不仅是单位与单位、人与人之间的挂钩，更是资金、项目全方位的挂钩。各挂钩单位在进村入户深入调研的基础上，主动帮助贫困村搞好发展规划，确定扶持项目，筹措和落实帮扶资金，加快当地经济发展。挂钩帮扶采取下派干部、帮扶资金、协调项目等方式，实施项目扶贫、产业扶贫、政策扶贫和科技扶贫等模式。各挂钩帮扶单位和人员要动态记录贫困户基本情况、脱贫减贫过程，逐项记录帮扶措施、帮扶成效，将一户一策挂钩帮扶责任落实到位。

1986 年，《国务院贫困地区经济开发领导小组第一次全体会议纪要》中指出提倡“地方党政群机关抽调干部加强贫困地区工作，党员、能人‘包户’脱贫”。1987 年，国务院出台《关于加强贫困地区经济开发工作的通知》强调，“各个贫困县都要将解决群众温饱问题的整体目标分解为分年分批扶贫的具体任务，层层落实到县、乡、村主要领导干部身上”。这里的“包户”脱贫落实到主要领导干部身上就是挂钩帮扶的雏形。1994 年，国务院制定的《国家八七扶贫攻坚计划》第三十条明确指出了“中央和地方党政机关及有条件的企事业单位，都应积极与贫困县定点挂钩扶贫，一定几年不变，不脱贫不脱钩”。这是以国家文件的形式第一次明确提出了挂钩帮扶及其要求。1996 年，中共中央、国务院《关于尽快解决农村贫困人口温饱问题的决定》指出“中央专项扶贫资金的分配和使用，要与解决温饱问题的进度直接挂钩，做到资金到省（自治区），权力到省（自治区），任务到省（自治区），责任到省（自治区）”，表明挂钩帮扶不仅是与贫困户、贫困村、贫困县的对接，更是资金、项目全方位的挂钩对接。

此后，挂钩帮扶作为对口帮扶的一种方式在全国范围内展开，并且各个地区都根据实际情况，探索不同形式的挂钩帮扶。比如，江苏省“五方挂钩”精准帮扶，助推经济薄弱村高水平奔小康，探索创新帮扶工作机制。福建省龙岩市实行干部挂钩帮扶贫困户“五个一”（摸清一个底子、选准一个项目、每季走访一次、办好一件实事、记好一本日记）、单位挂钩帮扶贫困村“四个一”（制订一份计划、培植一个项目、落实一笔资金、组织一次慰问）、挂钩联系重点乡镇“三个一”（制定一份规划、争取一批政策、开展一次督查）的职责要求，围绕“九措到户”，并制定脱贫攻坚挂钩帮扶“三大纪律、八项注意”。[①]

（二）意义

挂钩帮扶从20世纪80年代开始实施，并逐步在全国范围内全面展开。各个地区以地方政府规范性文件的形式制定本地区的挂钩帮扶细则，将其常态化。挂钩帮扶在实施的过程中对于脱贫攻坚、贫困地区经济社会的发展、挂钩干部自身发展、改善贫困地区的干群关系都具有极大的促进作用。

挂钩帮扶提升了脱贫攻坚工作精准度。挂钩帮扶的党员干部是通过层层选拔而来的人才，在业务能力、专业知识、技术指导等方面往往具有优势，对优化基层帮扶工作更为有利。挂钩帮扶因户施策，让帮扶工作更具精准度，通过把下派的每一名党员干部和每一户贫困户一一对应，不仅使脱贫攻坚这一庞杂而艰巨的任务变得更加细化、精准化，而且利于党员干部精准把握困难群众的现实情况，对帮扶干部制定和实施更有针对性、更行之有效的帮扶措施极为有利。

对于贫困地区的经济发展来说，挂钩帮扶不仅有利于贫困地区的脱贫致富，还有利于贫困地区经济社会各个方面的长远发展。挂钩帮扶干部带来的，不仅有挂钩的资金、项目，还有先进的理念。

---

① “三大纪律”：一切行动听指挥，不损害群众利益，不弄虚作假不谋私；“八项注意”：说话要和气，办事要公道，吃住要交费，政策要宣传，民俗要尊重，进村要简从，联系要经常，帮扶要精准。

通过进村入户开展民意调查、召开村组和党员座谈会等，下派干部及时将所学到的党的理论知识、实用技术和相关政策向当地群众宣传、讲解，引导他们转变思想观念，因地制宜选择符合自身发展的增收路子。同时，鼓励贫困户自力更生，消除“等靠要”被动思想，积极主动走致富增收道路，增强当地群众致富奔小康的内生动力。

挂钩帮扶为帮扶人员提高能力创造了机会。长期深入基层工作的干部，在帮助贫困村和贫困户解决实际困难的同时，思想观念也会得到洗礼。他们既有为提高贫困村和贫困户自我造血、自我发展能力作出贡献的欣慰，也会被贫困人口勤劳、善良、执着等优良品质所感染，同时积累了丰富的基层工作经验。从这个意义上讲，挂钩帮扶为帮扶人员谋长远、谋全局创造了条件，是培养锻炼干部特别是青年干部的重要途径。

对于贫困地区的干群发展来说，帮扶干部通过和群众的“一对一”挂钩帮扶，使干部群众之间拥有更多直接接触的机会，及时为当地群众答疑解惑，加深群众交流，使干部更了解群众的困难所需，因户施策、提升群众的满意度；同时，也为落实因户施策、因人而异的帮扶原则提供了平台；从而增强了基层党组织的凝聚力和战斗力，消除了各种矛盾隐患，为构建和谐稳定的社会环境奠定了坚实的基础。

二、定点扶贫

（一）发展历程

定点扶贫在中央层面是指中央和国家机关、民主党派中央和全国工商联、人民团体、参照公务员法管理的事业单位和国有大型骨干企业、国有控股金融机构、国家重点科研院校、军队和武警部队等，根据中央统一部署，与国家扶贫开发工作重点县开展结对帮扶，在资金、物资、技术、人才、项目、信息等方面对结对帮扶县给予倾斜和支持。地方层面指的是地方党政机关、企事业单位，以及各类民间团体与贫困县、乡、村的定点结对帮扶。

机关企事业单位帮扶始于1986年。当年，国务院召开第一次中央和国家机关定点扶贫工作会议，提出国家科委帮助开发大别山区的做法，为国家机关支持贫困地区提供了新的思路。其他有关部委也采取科委的办法，分别联系集中连片的贫困地区，帮助、支持地方改变贫困地区面貌。1994年8月，中共中央办公厅、国务院办公厅发布《关于加强中央党政机关定点扶贫工作的通知》，要求凡有条件的单位都要定点帮扶一至多个国家贫困县，不脱贫不脱钩。国务院扶贫开发领导小组对定点帮扶进行了统一规划和安排。截至2001年7月，中央党政机关、人民团体和有关单位参加定点扶贫的已达138个，帮扶国家级贫困县333个，占全国592个国家级贫困县的56.3％。①

2001年6月，国务院印发的《中国农村扶贫开发纲要（2001—2010年）》强调要继续开展党政机关定点扶贫工作，要把这种做法作为一项制度，长期坚持下去。2002年，为贯彻落实该纲要，国务院召开了中央和国家机关定点扶贫工作会议，对定点扶贫工作进行了动员和部署，确定了272家中央部委和企事业单位定点帮扶481个国家扶贫开发工作重点县。②

2010年5月，为进一步加强和推进定点扶贫工作，中共中央办公厅、国务院办公厅印发了《关于进一步做好定点扶贫工作的通知》，对定点扶贫工作再次做出专门部署，明确提出了新时期定点

① 国务院扶贫开发领导小组办公室：《中国农村扶贫大事辑要（1978—2000）》（内部发行），2001年7月，第522页。

② 《中央国家机关再度定点扶贫：272家单位帮扶485个贫困县》，人民日报，2002年4月24日。

扶贫工作的总体任务和基本要求。到2012年，参加定点扶贫的中央和国家机关、企事业单位达到310家，结对帮扶592个国家扶贫开发工作重点县，历史上首次实现定点扶贫对重点县的全覆盖。[①]

2014年，国务院办公厅发布《关于进一步动员社会各方面力量参与扶贫开发的意见》，强调要继续深化定点扶贫工作，承担定点扶贫任务的单位要发挥各自优势，多渠道筹措帮扶资源，创新帮扶形式，帮助协调解决定点扶贫地区经济社会发展中的突出问题，做到帮扶重心下移，措施到位有效，直接帮扶到县到村。在中央单位定点扶贫的带动下，地方各省、市、县也组织开展了区域内企事业单位定点帮扶工作。

（二）意义

定点扶贫工作是中国特色扶贫开发的重要组成部分，是加大对革命老区、民族地区、边疆地区、贫困地区等欠发达地区扶持力度的重要举措，也是定点扶贫单位贴近基层、了解民情、培养干部、转变作风、密切党群干群关系的重要途径。定点扶贫工作的深入、持久、有效开展，充分体现了我们党的政治优势，体现了中国特色社会主义制度的优越性。

机关企事业单位定点扶贫，不仅为定点帮扶县带来资金项目、新理念新思路、新技术和新市场，而且定点扶贫成为机关企事业单位干部了解农村、密切干群关系、培养锻炼干部的重要平台和渠道。

三、东西部扶贫协作

东西部扶贫协作是党中央、国务院根据邓小平关于“两个大

① 国务院扶贫开发领导小组办公室等九部门：《关于进一步完善定点扶贫工作的通知》（国开办发〔2015〕27号），2015年8月21日。

局”的伟大构想，是帮助贫困地区加快经济社会发展，逐步缩小地区发展差距的重大战略部署，是中国特色扶贫开发事业的重要组成部分。东西部扶贫协作机制从初期探索到逐步成熟，经历了30多年的发展历程，由最初简单的经济援助带动脱贫发展到政府、企业、社会参与，金融、医疗、教育、文化、科技等多层次、多形式、宽领域、全方位的协作，形成以政府援助、企业合作、社会帮扶、人才支持为主要内容的工作体系。

（一）发展历程

1979年，为了缩小东西部地区发展差距，实现东西部地区协调发展，中央决定组织六省（市）对口支援边境地区和少数民族地区。1983年，国务院决定由国家经委牵头，组织经济发达省（市）同少数民族地区开展对口支援和经济技术协作。1986年，国务院贫困地区经济开发领导小组第一次全体会议强调，发达地区与贫困地区发展横向经济联合，大中城市和贫困县进行对口支援。1992年，党中央、国务院批准正式实施经济发达地区与贫困地区开展以扶贫为主要内容的干部交流计划。1994年，《国家八七扶贫攻坚计划》对东西部扶贫协作进一步提出要求，北京、天津、上海等大城市，广东、江苏、浙江、山东、辽宁、福建等沿海较为发达的省，都要对口帮助西部的一两个省的贫困县、区发展经济。动员大中型企业，利用其技术、人才、市场、信息、物资等方面的优势，通过经济合作、技术服务、吸收劳务、产品扩散、交流干部等多种途径，与贫困地区在互惠互利基础上进行合作。1996年7月，国务院办公厅转发了《关于组织经济较发达地区与经济欠发达地区开展扶贫协作的报告》，对扶贫协作的意义、形式、任务、要求等作了阐明和具体部署。同年，国务院办公厅部署经济发达的4个单列市和东部13个省（市）对口帮扶经济欠发达的西部10个省（区）。同时，对东西部扶贫协作的结对省（区、市）主要任务、协作内容、优惠政策、组织领导等进行了全面部署，明确东西部扶贫协作工作由国务院扶贫开发领导小组负责组织和协调。这份文件的出台，标志着东西部扶贫协作工作体系和组织机制正式建立并走向成熟。

《中国农村扶贫开发纲要（2001—2010年）》强调要“进一步扩大协作规模，提高工作水平，增强帮扶力度”。2016年7月20日，习近平总书记在银川主持召开东西部扶贫协作座谈会并发表重要讲话，强调东西部扶贫协作和对口支援工作必须长期坚持下去。2016年12月，为坚决打赢脱贫攻坚战，国务院发布《关于进一步加强东西部扶贫协作工作的指导意见》，对原有结对关系进行适当调整，在完善省际结对关系的同时，实现对民族自治州和西部贫困程度深的市（州）全覆盖，并要求深化对口支援。对口支援西藏、新疆和四省藏区工作在现有机制下继续坚持向基层倾斜、向民生倾斜、向农牧民倾斜，更加聚焦精准扶贫、精准脱贫，瞄准建档立卡贫困人口精准发力，提高对口支援实效。

（二）意义

东西部扶贫协作是推动区域协调发展、协同发展、共同发展的大战略，是加强区域合作、优化产业布局、拓展对内对外开放新空间的大布局，是实现先富帮后富、最终实现共同富裕目标的大举措，对发达地区与欠发达地区都具有积极意义。通过东部发达地区企业到贫困地区建厂投资，建设一批贫困人口参与度高的特色产业基地，培育一批带动贫困户发展产业的合作组织和龙头企业，引进一批能够提供更多就业岗位的劳动密集型企业、文化旅游企业等，促进受帮扶地区产业发展并带动脱贫。通过与东部地区开展有组织的劳务对接，创造就业机会，提供用工信息，动员企业参与，实现人岗对接，保障稳定就业，实现了多渠道就业；通过采取双向挂职、两地培训、委托培养和组团式支教、支医、支农等方式，加大教育、卫生、科技、文化、社会工作等领域的人才支持，把东部地区的先进理念、人才、技术、信息、经验等要素传播到西部地区。对于发达地区来说，一方面在西部地区进行建厂投资，开发了新的市场，也寻求到了充足的劳动力。

习近平总书记强调："长远看，东西部扶贫协作要立足国家区域发展总体战略，深化区域合作，推进东部产业向西部梯度转移，实现产业互补、人员互动、技术互学、观念互通、作风互鉴，共同发展。"① 东西部扶贫协作的意义，远不止于经济和物质层面。以东部发展优势弥补西部发展短板，以东部先发优势促进西部后发崛起，东西部扶贫协作不仅成为缩短东西部差距的加速器，更激活了西部自身发展的内生动力，奋起直追，进而力争实现跨越式发展。

第二节　民营企业扶贫

1978 年，党的十一届三中全会召开，随着改革开放和经济体制的改革，民营企业逐渐应运而生。1992 年，党的十四大报告提出"公有制为主体，多种所有制经济长期并存，共同发展"，民营企业的地位得到确认。随着民营经济的发展，民营企业在国家扶贫开发中发挥了越来越重要的作用。

一、民营企业扶贫历程

长期以来，政府一直承担着反贫困的主要任务，发挥着集中力量办大事的优势，在实现大规模减贫工作上处于核心地位。相对于政府主导的扶贫模式，企业参与扶贫拥有自己的独特优势。比如，

① 习近平：《在决战决胜脱贫攻坚座谈会上的讲话》（2020 年 3 月 6 日），人民出版社，2020 年版，第 13 页。

最大限度组织市场、技术、信息、资金、人力资源等要素开展产业扶贫；形式多样的民营企业岗位为贫困群众提供多种就业机会，在扶贫的目标群体瞄准上更精准。

民营企业扶贫是指民营企业作为市场主体在国家或政府的动员和倡导下，履行企业社会责任，积极参与扶贫开发事业，帮助贫困地区、贫困人口发展特色产业，改善生产生活条件，推进公益事业，加快脱贫致富。民营企业的诞生与发展的过程与我国开始大规模扶贫的时间基本都在改革开放以后。20 世纪 80 年代中期以后，开发式扶贫方针取代传统的救济式扶贫方针，国家开始大规模、有组织、有计划地扶贫。民营企业在改革开放政策带动下不断发展壮大，作为市场主体也参与到扶贫开发事业中，并成为扶贫事业的中坚力量。光彩事业促进会是民营企业参与扶贫开发事业，履行社会责任的重要组织平台。

1994 年，为配合实施《国家八七扶贫攻坚计划》，在中央统战部、全国工商联推动下，刘永好等 10 位民营企业家发出了《让我们投身到光彩事业中来》的倡议书，光彩事业由此发起并迅速在全国范围内展开。1995 年 10 月 25 日，在中央统战部的推动下，经国家民政部批准，中国光彩事业促进会正式成立。它以消除贫困为宗旨，以民营企业为主体，以“义利兼顾、以义为先”为核心理念，以共同发展为基本目标，以项目投资为主要形式，帮助贫困地区加快经济社会发展。新成立的光彩事业开始蓬勃发展，积极承担社会责任，参与扶贫开发。至此，民营企业参与扶贫开始启动。

2000 年 10 月 8 日，联合国经济社会理事会授予中国光彩事业促进会特别咨商地位。这标志着光彩事业走出国门，走向国际舞台，与国际接轨的光彩事业开始引入外资与项目，开始进一步发展，并继续为我国的扶贫开发事业做出贡献。2005 年 12 月 28 日，由民营企业家为参与主体的中国光彩事业基金会成立，基金会的宗旨是促进光彩事业发展，支持社会扶贫和西部开发，培育扶贫开发

示范项目，为参与光彩事业遇到困难的企业家排忧解难。基金会的成立为有利于民营企业履行社会责任，团结非公有制经济人士共同致力光彩事业，促进社会扶贫和社会公益事业发展。这一阶段民营企业参与扶贫事业开始蓬勃发展。2014 年，国务院办公厅发布《关于进一步动员社会各方面力量参与扶贫开发的意见》的通知，大力倡导民营企业扶贫，构筑“三位一体”的大扶贫格局，民营企业扶贫工作继续深入发展。在新时期脱贫攻坚工作中，民营企业不断结合扶贫的新特点、新任务，探索民营企业减贫的新机制、新做法。民营企业参与扶贫开发产生了显著的效果，成为扶贫的中坚力量。

二、民营企业扶贫的意义

2018 年 10 月，习近平总书记给“万企帮万村”行动中受表彰的民营企业家的回信，对积极承担社会责任，踊跃投身脱贫攻坚的民营企业家给予充分肯定；对民营经济在稳定增长、促进创新、增加就业、改善民生以及对社会经济的贡献给予充分肯定。[①] 1995 年以来，民营企业围绕党和国家的扶贫开发总体部署，面向“老、少、边、穷”地区和中西部地区，以项目投资为中心，把资金、技术、人才、管理和市场等优势同贫困地区的劳动力和自然资源等优势结合起来，实行优势互补、互惠互利、合作共赢、共同发展。其主要项目投资活动为开发资源、兴办企业、培训人才、发展贸易等。在以项目投资为主体的基础上，通过包括捐赠、资助在内的多种方式，促进贫困地区教育、卫生、文化等社会事业进步。民营企业在实施光彩事业过程中，逐渐形成了“致富思源、富而思进、扶

① 中共中央党史和文献研究院：《习近平书信选集（第一卷）》，中央文献出版社，2022 年版，第 202 页。

危济困、共同富裕、义利兼顾、以义为先、发展企业、回馈社会”的光彩精神。民营企业在扶贫工作中取得的成就，赢得了国内外社会的广泛关注和认同。

（一）推进扶贫事业发展

从西部大开发、振兴东北老工业基地，到助力社会主义新农村建设、全面打赢脱贫攻坚战，民营企业始终响应国家号召，积极参与其中，为扶贫开发事业贡献了自己的力量。光彩事业是民营企业参与扶贫的重要形式。由中国光彩事业促进会与地方党委政府联合举办的“光彩行”，是光彩事业的重要品牌活动。活动通过组织非公有制经济人士到经济欠发达地区考察投资，促进当地经济发展，带动贫困人群脱贫致富。

据不完全统计，截至 2019 年，中国光彩事业促进会共牵头举办“光彩行”34 次，辐射全国 16 个省（区）、市，民营企业家 11800 人次参加相关活动，落地项目 1483 个，实际投资额7959.07亿元，公益捐赠9.92亿元，实施公益项目 872 个，受益人数达 79 万人。2015 年 10 月，全国工商联、国务院扶贫办、中国光彩事业促进会联合发起“万企帮万村”精准扶贫行动，明确以民营企业为帮扶方，以建档立卡的贫困村、贫困户为帮扶对象，以签约结对、村企共建为主要形式，力争用三到五年时间，动员全国一万家以上民营企业参与，帮助一万个以上贫困村加快脱贫进程，民营企业家们闻令而动。截至 2019 年 6 月底，进入“万企帮万村”精准扶贫行动台账管理的民营企业已达 8.81 万家，精准帮扶10.27万个村，产业投入 753.71 亿元，公益投入 139.1 亿元，安置就业 66.15 万人，技能培训 94.1 万人，带动和惠及 1163 万建档立卡贫困人口。二十多年来，光彩事业始终与国家战略紧密联系。为配合三峡库区移民工程，中国光彩事业促进会多次组织企业到三峡库区考察投资，组织引导民营企业签约项目 320 个，投资总额近 400 亿元；为助力生态文明建设，组织开展“光彩事业国土绿化贡献奖”评选活动，引导广大非公有制经济人士坚持不懈参与国土绿化和生态治理工程；为推动区域协调发展，江苏省光彩会推进全省民营企业北上西进，多次组织民营企业赴吉林、宁夏、云南、贵州等地投资考察，一批又一批项目在各地落户。①

（二）利于企业自身发展

民营企业在参与扶贫的过程中，按照市场经济规律办事，讲究经济效益，坚持互惠互利，在帮助别人脱贫致富的过程中实现自己的发展，从而履行了企业的社会责任，提升了企业的社会影响力，树立了良好的社会形象，大大提升了企业品牌效应，实现了企业发展和贫困地区脱贫致富的双赢。民营企业在与贫困地区的双向互动中，弘扬了中华民族扶危济困、乐善好施的传统美德，同时有利于形成全社会团结互助的局面，构建社会主义和谐社会。

第三节　慈善扶贫

扶贫济困、扶弱助贫是中华民族的传统美德，是构建和谐社会、建设幸福中国的时代要求。通过四十多年的改革开放，社会经济快速发展，我国的物质基础更加坚实，人民生活水平不断提升，慈善意识也更加普及，许多企业、社会组织与个人自发参与加入到慈善事业中，对脱贫攻坚事业起到积极作用。

① 《谱写民企扶贫的“光彩”乐章——中国光彩事业发起实施 25 周年成就综述》，2019 年 10 月 20 日。

一、慈善事业的发展

新中国成立以来，尤其是改革开放以来，随着经济社会的发展，我国慈善事业逐步发展起来。1994 年，由国务院印发的《国家八七扶贫攻坚计划》明确提出要“充分发挥中国扶贫基金会和其他各类民间扶贫团体作用”。2004 年 3 月，温家宝总理在“两会”上第一次将“支持发展慈善事业”写进了《政府工作报告》；同年，国务院颁布了《基金会管理条例》。2006 年 10 月，党的十六届六中全会明确提出：“发展慈善事业，完善社会捐赠免税减税政策，增强全社会慈善意识。”2007 年颁布的《企业所得税法》规定“企业发生的公益性捐赠支出，在年度利润总额 12%以内的部分，准予在计算应纳税所得额时扣除。”这些政策和措施，为进一步推动我国慈善事业发展提供了强有力的支持。

2014 年 12 月，国务院办公厅发布《关于进一步动员社会各方面力量参与扶贫开发的意见》，充分肯定社会组织参与扶贫作用和巨大发展潜力，明确社会组织是扶贫开发重要主体之一。

2015 年，中共中央在《关于制定国民经济和社会发展第十三个五年规划的建议》进一步提出“激励各类企业、社会组织、个人自愿采取包干方式参与扶贫”。2016 年 3 月，《慈善法》出台，提出：“慈善组织可以采取基金会、社会团体、社会服务机构等组织形式。”为慈善事业发展提供了法律依据。2019 年 11 月，党的十九届四中全会在坚持和完善中国特色社会主义制度、全面部署国家治理体系和治理能力现代化的总体战略中，特别提出要“重视发挥第三次分配作用，发展慈善等社会公益事业”。可以看出，公益慈善捐赠事业不断受到国家重视。

根据中国慈善联合会统计，2011 年后每年向扶贫领域投入的捐赠资源不断增加。表 3-1 为 2016 年至 2019 年教育、医疗健康、扶贫与发展三大领域接受捐赠占比的变化情况。中国慈善联合会在《2016年度中国慈善捐助报告》指出，我国社会捐赠重点关注的三个领域是教育、医疗健康、扶贫与发展，分别占捐赠总量的30.44%、26.05%、21.01%，这三个领域接受捐赠共计约1091.15亿元，占捐赠总量的72.75%。其中，扶贫与发展领域的增长最为明显，比上年提高近10个百分点。到2018年扶贫与发展的捐赠占比已超过医疗健康，达到总额的24.72%。根据《慈善蓝皮书：中国慈善发展报告（2020）》，扶贫领域的捐赠人数从2016年至2020年呈逐年上升态势，排在教育（35%）之后，占比约29%。

表3-1 2016年至2019年教育、医疗健康、扶贫与发展三大领域接受捐赠占比变化情况

年度	接受国内外款物捐赠总额（亿元）	教育（%）	医疗健康（%）	扶贫与发展（%）
2016	1392.94	30.44	26.05	21.01
2017	1499.86	27.44	24.10	21.21
2018	1624.15	29.4	20.44	24.72
2019	1701.44	29.17	18.04	25.11

资料来源：《2016年度中国慈善捐助报告》《2017年度中国慈善捐助报告》《2018年度中国慈善捐助报告》《2019年度中国慈善捐助报告》。

根据《2017度中国慈善捐助报告》的归纳，慈善力量参与脱贫攻坚主要有四种模式。

模式一是链接社会资源。在慈善行业生态中，慈善组织作为资源整合者，通过聚集社会资源，根据社会需求进行分配，从而高效使用慈善资金，达到解决社会问题、增加社会福祉的目标。如中国扶贫基金会、中华思源工程扶贫基金会等，均是通过向社会广泛开展募捐，如明星倡导、运动筹款、网络筹款、企业合作等方式，面向全社会汇聚扶贫资源，向贫困地区倾斜资源分配。

模式二是提供慈善服务。通过提供专业的慈善服务解决贫困地区的社会需求是社会组织最直接、最普遍的扶贫手段。针对致贫原因，以及贫困地区的具体需求，社会组织设计慈善服务解决致贫因素导致的贫困。

模式三是专注赋能与发展。贫困的原因是缺少摆脱贫困的资金、能力、制度环境等因素，社会组织通过为贫困人口提供资金、手段、技术甚至运营机制，提高贫困人口的生产能力和生产水平以达到脱贫的目的。

模式四是乡村社区整体营造。社区整体营造是外部力量与在地力量的充分结合，形成社区自身的组织，通过“培力”“赋能”激发当地社区的原生力量，培育出乡村发展的能力和活力，对乡村进行整体的治理和提升。

二、慈善助力扶贫

（一）促进了贫困地区的经济发展

慈善组织在扶贫中善于发挥自身优势，依靠社会上的专业技术人才，并通过科技扶贫、精神扶贫、教育扶贫等方式，推广最新科学技术在农业生产方面的应用。在促进专业生产的同时，辅以“互联网公益慈善”等形式帮助困难群众实现产品销售，增加了贫困群众的收入。

慈善组织参与扶贫事业，建立了一条扶贫快捷通道，将人才、资金、技术等各方面资源精准输送到贫困地区。截至2020年9月底，全国登记认定慈善组织7825个，净资产规模超过1900亿元；慈善信托共463单，合同金额32.42亿元。①

慈善组织通过教育扶贫、产业扶贫、金融扶贫、“互联网＋扶贫”等方式不断推动贫困地区经济发展，帮助困难群众改善生产生

① 《我国登记认定慈善组织近八千个　净资产规模超过一千九百万元》，慈善公益报，2020年10月26日。

活条件，增加了困难群众的收入，提高了困难群众的整体素质，切实为贫困地区及贫困群众办实事、解难题，得到了困难群众的广泛支持和充分肯定。

（二）有利于扶贫的精准化

慈善作为社会扶贫中的中坚力量，在聚集资金、精准识别困难群众、开展帮扶活动等方面发挥了重要的作用。慈善扶贫能够链接相对丰富且专业的人力和智力资源。这些人力和智力资源具有多样性，针对不同条件的贫困群体实施灵活适宜的脱贫帮扶策略，有效地预防返贫现象。

慈善扶贫结合自身扶贫资源多元化的特点，持续深入、大范围地关注多样的贫困群体和刚脱贫的群体，灵活施策。例如，“希望工程”“母亲水窖”“幸福工程”“母亲健康快车”“贫困地区儿童营养改善”“春蕾计划”“集善工程”“爱心包裹”“扶贫志愿者行动计划”等都是扶贫公益品牌。成立于 2011 年 4 月的免费午餐基金公募计划，倡议为贫困学童提供热腾腾的免费午餐。该项目与县级政府联合，筹资补贴给那些不能完全开展热食午餐的学校，对缺少成熟帮扶政策的学龄前儿童开展免费午餐项目。截至 2018 年 2 月，该项目累计募集善款过 3.6 亿元，在 26 个省区市累计开餐学校数量为 931 所，累计受惠人数过 25 万人。同时，该项目也直接影响了政府政策，成为社会组织推动政府行动的典型案例。2011 年 11 月，国务院启动实施了农村义务教育学生营养改善计划，大规模地改变了中国乡村儿童营养状况。

“大病医保”公益基金让众多农村儿童在新型农村合作医疗和国家大病医保基础上，又多了一份医疗保障。截至 2018 年 2 月，乡村儿童大病医保公益基金已经覆盖全国 10 个县，保障儿童 1 251 542名，投保总金额达 46 970 171.70 元，赔付总金额达 27 821 616.22元，赔付总人数为 7520 人。“暖流计划”帮助贫困山区学童募集基本的生活、学习物资；“会飞的盒子”为贫困地区上学路途遥远的中小学生提供可移动、智能的模块化宿舍；“拾穗行动”提倡一个家庭一年捐助 2600 元对接一名单亲失依孩子，持续扶助其改善生活状况。[①]

（三）有利于大扶贫格局的发展

社会扶贫是指在扶助贫困户或贫困地区发展生产，改变穷困面貌，帮助贫困地区和贫困户开发经济、发展生产、摆脱贫困的一种社会工作，是政府、市场、社会新“三位一体”大扶贫格局中的重要一极。慈善事业所扮演的社会角色与发挥的社会功能，是基于个人志愿的资金奉献或时间奉献，通过非营利组织的有效管理，解决社会公共空间构建的资源不足、公共空间治理的失效以及市场在资源配置上的失灵，以实现社会协同发展。

慈善扶贫是社会扶贫的重要方式。随着社会组织的不断发展和市场经济的稳定发展，慈善组织能够吸纳更多的社会资源，同时能够动员更多的社会主体参与到扶贫的工作中，与政府扶贫形成补充。在政府、市场和社会拉动的扶贫工作中，慈善组织要加强自身在扶贫领域的积极作用，同时不断扩大自身在扶贫工作中的影响，进而引起政府对慈善扶贫优势的重视，推动政府与慈善组织构建贫困信息和扶贫资源的交流共享机制，进一步促成多方面扶贫力量的融合。

---

① 皮磊：《社会组织如何参与扶贫?》，公益时报，2018 年 2 月 6 日。

第四章 实施精准扶贫

进入新时代，以习近平同志为核心的党中央高屋建瓴，以全面建成小康社会为目标，承诺“决不能落下一个贫困地区、一个贫困群众”，及时调整贫困治理方略，提出了精准扶贫理念。在精准扶贫方略指引下，全党全国上下同心，每年有1000多万人脱贫，经过8年奋斗，取得了脱贫攻坚的全面胜利。

第一节 精准扶贫的酝酿

精准扶贫方略，是在总结我国长期贫困治理经验基础上提出来的。因此，有必要对十八大以前的扶贫瞄准历程进行梳理。大致上，十八大以前的扶贫瞄准历程可分为三个阶段，即新中国建立到1985年救济式扶贫时期的普遍化瞄准，1986年至2000年开发式扶贫时期的县域瞄准，2000年至2012年整村推进时期的村域瞄准。

一、救济式扶贫的普遍化瞄准

学者雷明等人将1978年至1985年的贫困治理称为普遍化的救济扶贫，“即面对普遍性贫困，政府即使不采取针对性扶贫策略，只实施最基础的扶贫模式也可以获取最大化的瞄准经济效益，即为普遍化瞄准"[①]。由于普遍性的贫困，扶贫瞄准机制并没有具体到某些区域和特定的人口，是一种普遍化的瞄准。该时期国家还没有颁布真正意义上的扶贫战略，扶贫方式主要是通过救济、赈灾、物资输送等输血式的救济帮扶。

新中国成立之初，贫困人口数量庞大，财政状况较为困难。救济式扶贫即依托自上而下的民政救济系统，对贫困人口实施生活救济。"新中国成立初期在农村实行了短期大规模的救济，后转为国家救济与集体补助相结合的长期救济，在城市则逐步建立了比较完备的救助体系；还有对边远贫困地区输入资金与物质进行帮扶"[②]。由于我国当时整体经济基础较为薄弱，社会普遍存在一定程度的贫困，难以实行统一的大规模减贫行动，帮扶力度与范围均相对有限。1957 年和 1978 年，我国一般农民家庭用于家庭生活消费方面的支出分别占总支出的 98.3％和 97.3％。1978 年，中国农民人均收入只有 133.5 元，其中有近1/4的生产队社员收入在 40 元以下。按照中国政府确定的国家贫困标准，当时有 2.5 亿的农村人口处在贫困线以下，占农村总人口的 33％。[③]

1978 年至 1984 年是以体制改革带动脱贫阶段。自 1978 年党的十一届三中全会召开起，中国广大农村开始推行以家庭联产承包经营为核心、统分结合双层经营体制的农村经济体制改革，在城市也开始对国有企业进行放权、让利、搞活改革。农村的经济体制发生了深刻变革，使农民生产的积极性大增，极大地解放了农村生产力，粮食总产量从 1978 年的 6595 亿斤，增至 2013 年的 60194 万吨，农村面貌发生翻天覆地的变化。"农民人均纯收入也由 1978 年

---

① 雷明、姚昕言等著：《贫困与贫困治理——来自中国的实践（1978—2018）》，经济科学出版社，2019 年版，第 91 页。

② 文建龙：《新中国前 30 年的反贫困实践及其经验教训》，《攀登》，2014 年第 5 期，第 96—101 页。

③ 吕华：《贫困治理 精准扶贫绩效提升研究》，江西人民出版社，2018 年版，第 81 页。

的133.6元上升到1985年的397.6元；人均占有的粮食、棉花、油料、肉类产量分别增长14%、74%、176%和878%”[①]；“农村绝对贫困人口由2.5亿下降到1.25亿左右，年均减少1786万人，贫困发生率也由30.7%下降到14.8%。这一阶段对缓解贫困起主要作用的是农村土地制度、市场制度以及就业制度的改革。”[②] 但是，“通过体制变革推动经济增长以大规模消除贫困的战略，毕竟是一场市场导向的改革。它承认机会均等或起点平等，但更关注效率，对于结果的不平等和各种原因导致的自然灾害无能为力。”[③]

二、开发式扶贫的县域瞄准

开发式扶贫即在国家必要支持下，利用贫困地区的自然资源，进行开发性生产建设，逐步形成贫困地区和贫困户的自我积累和发展能力，逐步达到解决温饱、脱贫致富的目标。扶贫工作从按贫困人口平均分配资金向按项目效益分配资金方面转变，从单纯依靠行政系统向主要依靠经济组织转变，从资金单向输入向资金、技术、物资、培训相结合输入和配套服务转变。也正是实施了这种大规模、有计划、有组织的开发式扶贫，贫困治理才有了确定的瞄准单元，即瞄准特定的县域。

1984年9月，中共中央和国务院联合发出了《关于帮助贫困地区尽快改变面貌的通知》；1986年4月，第六届全国人民代表大会第四次会议通过《中华人民共和国国民经济和社会发展第七个五年计划》，将“老、少、边、穷地区的经济发展”单列一章；同年成立了

---

① 张磊、黄承伟等：《中国扶贫开发政策演变（1949—2005年）》，中国财政经济出版社，2007年版，第5页。

② 向德平：《包容性增长视角下中国扶贫政策的变迁与走向》，《华中师范大学学报（人文社会科学版）》2011年第4期，第1—8页。

③ 华正学：《新中国60年反贫困战略的演进及创新选择》，《农业经济》2010年第7期，第3—5页。

专门的扶贫机构，即国务院贫困地区经济开发领导小组（1993年改为国务院扶贫开发领导小组），使农村扶贫开发步入规范化、机构化、制度化轨道。“1986年，国家大规模减贫计划启动，力图集中力量解决划定的18个集中连片贫困地区的问题，以发展其生产性自救的能力，并进而将贫困县作为贫困治理计划的基本瞄准单位，认定了258个贫困县，分中央政府和省（自治区）两级重点扶持。”[①] 后来，将牧区县、“三西”项目县加进来，到1988年增加到328个国家级贫困县。之后，国家三次调整国定贫困县的标准。

1994年，国务院颁布实施《国家八七扶贫攻坚计划》，将国家级贫困县调整到592个，对贫困县进行了一次调整。按照1992年农民人均纯收入超过700元的县一律退出，低于400元的县全部纳入的方法，在全国范围内确定了592个国家重点扶持贫困县。该计划提出要用7年时间解决全国农村8000万贫困人口的温饱问题。2000年底，“国家八七扶贫攻坚计划”的目标基本实现，农村贫困人口大幅减少，农村贫困地区群众温饱问题基本得到解决。

2001年，国务院颁布实施《中国农村扶贫开发纲要（2001—2010年）》，对国家重点扶持的贫困县进行第二次调整，贫困县改称国家扶贫开发工作重点县，将东部33个重点县指标全部调到中西部，东部不再确定国家级重点县。同时，西藏自治区作为特殊扶持区域，整体享受重点县待遇，不占重点县指标。全国共有592个重点县，作为扶贫开发的重点区域。

2011年，国务院颁布实施《中国农村扶贫开发纲要（2011—2020年）》，对国家重点扶持的县进行第三次调整。新十年纲要规定：“原定重点县支持政策不变。各省（区、市）要制定办法，采取措施，根据实际情况进行调整，实现重点县数量逐步减少。重点

① 雷明、姚昕言等著：《贫困与贫困治理——来自中国的实践（1978—2018）》，经济科学出版社，2019年版，第98页。

县减少的省份，国家的支持力度不减。”与以往重点县的调整方法不同，本次调整的最大特点是权力下放到省。即允许各省根据实际情况，按“高出低进，出一进一，严格程序，总量不变”的原则进行调整，但不得将连片特困地区内重点县指标调到片区外使用。这次调整，原重点县共调出 38 个，原非重点县调进 38 个，全国重点县总数仍为 592 个。14 个连片特困地区内的重点县数量，由调整前的 431 个增至 440 个，共增加 9 个；连片特困地区以外的重点县数量，由调整前的 161 个减至 152 个，共减少 9 个。重点县中存在的所谓百强县，已被全部调出。

通过识别贫困县，帮助贫困县发展县域经济，实现贫困治理是中国扶贫开发的创新举措。但把扶贫资源投向贫困县，导致贫困县中大量非贫困人口受益，偏离扶贫的最初目的。经统计，1997 年，在认定的贫困县中只有 27.8%的农村人口生活在贫困线以下，其他 72.2%的人口属于非贫困人口。[①] 县域扶贫瞄准单元对全国贫困人口的覆盖率不高。有学者估计，在 2000 年，生活在贫困县的绝对贫困人口只占全国总贫困人口的 54.3%。此外，大约还有近一半的贫困人口生活在非贫困县。[②]

三、综合扶贫的村域瞄准

进入 21 世纪，我国农村贫困人口分布逐渐从国家级贫困县区域向村级区域集中。基于这一状况，2001 年 6 月，国务院发布的《中国农村扶贫开发纲要（2001—2010 年）》提出“尽快解决少数贫困人口温饱问题，进一步改善贫困地区的基本生产生活条件，巩固温饱成果，提高贫困人口的生活质量和综合素质，加强贫困乡村

① 张新伟：《扶贫政策低效性与市场化反贫困思路探寻》，《中国农村经济》1999 年第 2 期。

② 汪三贵、Albert Park、Shubham Chaudhuri：《中国新时期农村扶贫与村级贫困瞄准》，《管理世界》2007 年第 1 期，第 5 页。

的基础设施建设，改善生态环境，逐步改变贫困地区经济、社会、文化的落后状况，为达到小康水平创造条件”。

整村推进作为贯彻实施《中国农村扶贫开发纲要（2001—2010年）》的一项重要举措，一直摆在专项扶贫工作的首位。2001 年，全国共有 148131 个村被确定为国家扶贫瞄准贫困村。其中，约 30%的贫困村位于中部省区，29%位于西南省区，14%位于沿海省区，6%位于东北三省。从具体省份看，要集中云南、贵州、山西、陕西、河南、四川、甘肃、湖北等 8 个省，占全国所有村总数的 56%。其中，云南 85%的村被确定为贫困村，居全国第一，其后依次分别是青海 60%，贵州 54%，甘肃 50%。[①]

2002 年，全国共确定了 15 万个贫困村，占全国行政村总数近 1/4，覆盖了全国 80%左右的贫困人口。经过多年的努力，截至 2010 年底，全国已有12.6万个贫困村实施了整村推进，占规划村总数的 84%。各地实践证明，整村推进是扶贫开发的一项创举，它不仅改善了贫困村的生产生活条件，解决了贫困人口的温饱和增收问题，还打造了扶贫工作进村入户的平台，成为整合资源、实施大扶贫的重要抓手和有效载体，深受贫困地区广大干部群众的拥护。

《中国农村扶贫开发纲要（2011—2020 年）》对整村推进提出了新的要求：“结合社会主义新农村建设，自下而上制定整村推进规划，分期分批实施。发展特色支柱产业，改善生产生活条件，增加集体经济收入，提高自我发展能力。以县为平台，统筹各类涉农资金和社会帮扶资源，集中投入，实施水、电、路、气、房和环境改善‘六到农家’工程，建设公益设施较为完善的农村社区。加强整村推进后续管理，健全新型社区管理和服务体制，巩固提高扶贫开发成果。”整村推进作为最有效的扶贫方式之一，继续被摆在重要位置。

---

① 汪三贵等：《中国新时期农村扶贫与村级贫困瞄准》，《管理世界》2007 年第 1 期。

第二节　精准扶贫的内涵

20 世纪 90 年代，习近平同志在福建宁德担任地委书记时，经过深入调研和思考，提出摆脱贫困首先要摆脱“意识贫困”“思路贫困”，推行“四下基层”作风，强调“弱鸟先飞”意识，提倡“滴水穿石”精神。2012 年 12 月 29 日至 30 日，习近平总书记在河北省阜平县考察扶贫工作时强调：“要真真实实地把情况摸清楚。帮助困难乡亲脱贫致富要有针对性，要一家一户摸情况。”2013 年，他在湖南省花垣县十八洞村考察时首次提出“精准扶贫”，逐渐形成精准扶贫、精准脱贫基本方略，使我国的减贫脱贫不断取得新成效。

一、什么是“精准”

到底什么是精准扶贫？“精准”的内涵体现在哪里？官方发布的定义认为，精准扶贫是指“通过对贫困户和贫困村精准识别、精准帮扶、精准管理和精准考核，引导各类扶贫资源优化配置，实现扶贫到村到户，逐步构建精准扶贫工作长效机制，为科学扶贫奠定坚实基础。”[①] 这种提法涉及到了精准的过程，但有些抽象，不够具体。

黄承伟和覃志敏认为：“精准扶贫是国家扶贫治理体系的重要组成部分，其实质是扶贫资源更好地瞄准贫困目标人群，核心内容是做到真扶贫，扶真贫。”[②] 汪三贵和郭子豪认为：“精准扶贫是指扶贫政策和措施要针对真正的贫困家庭和人口，通过对贫困人口有

① 国务院扶贫开发领导小组办公室：《奖励精准扶贫工作机制实施方案》，2014 年。

② 黄承伟、覃志敏：《论精准扶贫与国家扶贫治理体系建构》，《中国延安干部学院学报》2015 年第 1 期。

针对性地帮扶，从根本上消除导致贫困的各种因素和障碍，实现可持续脱贫目标。”[①] 上述学者都从精准扶贫有针对性地瞄准贫困人口这一角度定义。

庄天慧等认为：“精准扶贫是变‘粗放漫灌’为‘精准滴灌’，以定点、定时、定量消除贫困为目标，以政府、市场、社会、社区、扶贫对象协同参与为基础，以资源统筹、供需匹配为保障，对扶贫对象实施精准识别、精准扶持、精准管理的贫困治理模式。”[②] 马尚云认为：“精准扶贫就是重点运用专项扶贫政策措施，运行社会、市场、政府‘三位一体’的大扶贫格局，动员全社会资源，做到真扶贫、扶真贫，实现对贫困人口精确识别、针对扶持、动态管理、精确考评，切实有效地提高贫困人口收入，减少贫困人口数量。”[③] 庄天慧与马尚云主要通过与粗放扶贫对比，针对精准扶贫具有的特点比如政府、市场、社会的协同治理等新特点进行定义。

综上所述，不同学者从不同的视角定义精准扶贫的内涵，且尚未形成一种统一的观点。但不难看出，学者们对此问题也达成了一个共识，即将精准扶贫与粗放扶贫进行对比研究，强调扶贫的针对性与有效性；强调精准扶贫是一个包括精准识别、精准帮扶、精准管理和精准考核等一系列机制的动态过程。

精准扶贫的概念不是一成不变的。随着精准扶贫的不断推进，精准扶贫的含义也在逐步深化、扩展。习近平总书记于2012年底到河北阜平老区考察时，关于扶贫工作，他讲不要用“手榴弹炸跳蚤”；2013年10月，他到湖南湘西考察时，首次提出了“精准扶贫”概念；在贵州又提出了六个精准，即“对象要精准、项目安排要精准、资金使用要精准、措施到位要精准、因村派人要精准、脱

① 汪三贵、郭子豪：《论中国的精准扶贫》，《贵州社会科学》2015年第5期。

② 庄天慧、杨帆、曾维忠：《精准扶贫内涵及其与精准脱贫的辩证关系探析》，《内蒙古社会科学（汉文版）》2016年第37期，第6页。

③ 马尚云：《精准扶贫的困难及对策》，《学习月刊》2014年第10期。

贫成效要精准”[1]，随着扶贫工作内涵不断丰富，操作性不断增强，精准扶贫的内涵也在不断深化。

精准扶贫就是针对不同贫困区域环境、不同贫困农户状况，运用科学有效程序对扶贫对象实施精确识别、精确帮扶、精确管理的治贫方式，具有动态性、综合性与科学性的特征。动态性体现在对贫困人口的动态管理、动态监测，防止脱贫人口返贫；综合性体现在构建社会、市场、政府“三位一体”的大扶贫格局，动员全党全社会的资源进行扶贫，比以往政府为主的单一主体更具综合性的特征；科学性体现在精准扶贫的一系列机制的构建过程，就是逐渐科学化的过程，为科学扶贫奠定坚实基础。

二、为什么要“精准”

精准扶贫的提出，从实践上来讲是全面建成小康社会的迫切需要，是中国贫困治理的需要。从理论上来讲，是我国对马克思主义减贫理论的坚持和发展。

（一）时代背景：全面建成小康社会的迫切需要

小康社会自古以来就是中华民族孜孜以求的美好理想。改革开放之初，邓小平同志首先用“小康之家”“小康社会”来描述中国式现代化，明确提出到20世纪末“在中国建立一个小康社会”的奋斗目标。在提前完成解决人民温饱问题、人民生活总体上达到小康水平这两个目标的基础上，党的十六大提出要在本世纪头20年全面建设惠及十几亿人口的更高水平的小康社会。党的十八大以来，以习近平同志为核心的党中央顺应我国经济社会新发展和广大

① 王鹏：《中国特色制度是打赢脱贫攻坚战的有力保障》，人民画报，2020年3月11日，第1版。

人民群众新期待，提出了全面建成小康社会的新要求，赋予了“全面小康”更高的标准、更丰富的内涵。

小康不小康，关键看老乡，关键看贫困老乡能不能脱贫。没有农村的小康，特别是没有贫困地区的小康，就没有全面建成小康社会。中国特色社会主义进入新时期，脱贫攻坚面临十分艰巨而繁重的任务，扶贫工作进入啃硬骨头、攻坚拔寨的冲刺期。精准扶贫正是对新时期扶贫工作所遇到的新挑战与新要求的积极应对和正确指引。精准扶贫是全面建成小康社会、早日实现中华民族伟大“小康梦”的重要保障。

（二）实践逻辑：中国贫困治理的需要

长期以来，贫困居民底数不清、情况不明、针对性不强、扶贫资金和目标指向不准的问题较为突出。由于贫困居民数据来自抽样调查，扶贫中的低质、低效问题普遍存在。贫困居民基数不清，扶贫对象常由基层干部决定，扶贫资金“天女散花”、重点县舍不得“脱贫摘帽”，数字弄虚作假，浪费国家扶贫资源；人情扶贫、关系扶贫，扶富不扶穷等社会不公问题存在，甚至滋生腐败。表面上看，粗放扶贫是工作方法存在问题，实质上是涉及到干部的群众观念和执政理念的大问题，不可小觑。

现行的扶贫制度设计存在缺陷，不少扶贫项目粗放“漫灌”，针对性不强，更多的是在“扶农”而不是“扶贫”。因此，原有的扶贫体制机制必须修补和完善。换句话说，就是要解决“钱和政策用来扶谁、怎么扶、怎么评价扶贫效果”等问题。扶贫必须要有“精准度”，专项扶贫更要瞄准贫困居民，特别是财政专项扶贫资金务必重点用在贫困居民身上，用在正确的方向上。

新时期的扶贫工作要从解决突出问题入手，建立有内生动力、有活力，能够让贫困人口自己劳动致富的长效机制，精准扶贫应时代需求而生。

（三）理论逻辑：对马克思主义减贫理论的坚持和发展

具体问题具体分析，是马克思主义活的灵魂，也是精准思维的哲学基础。中央党校哲学部主任冯鹏志说："精准理念，是马克思主义世界观和方法论在新时期绽放出的新智慧，也是中国共产党人在统筹'四个伟大'中淬炼出的思想品格、理论品格。"精准思维、精准施策，体现了实事求是、理论联系实际的思想精髓，遵循了抓主要矛盾和矛盾主要方面的原则要求。[①] 马克思指出，在未来社会，"生产将以所有人的富裕为目的"。社会主义制度的建立，旨在解放生产力，发展生产力，消灭剥削，消除两极分化，最终达到共同富裕。党的十八大以来，以习近平同志为核心的党中央更加强调通过持续发展生产力、提高贫困地区和贫困群众的自我发展能力来消除贫困，不断打破束缚生产力发展的体制机制障碍，为消除绝对贫困指明了方向。

识别贫困的表现，是破解贫困难题的基础。马克思把贫困划分为绝对贫困和相对贫困、物质贫困和精神贫困等范畴。习近平总书记关于扶贫工作的重要论述，拓展了对贫困问题具体表现的科学认识，强调"一方面要让人民过上比较富足的生活，另一方面要提高人民的思想道德水平和科学文化水平，这才是真正意义上的脱贫致富"[②]。党的十八大以来，以习近平同志为核心的党中央注重把扶贫同扶志、扶智结合起来，在强调摆脱物质贫困的同时，更加强调精神脱贫；强调在消除绝对贫困的同时，建立解决相对贫困的长效机制。

马克思主义是人民的理论，是关于人类解放的学说。它把人民性与科学性统一起来，强调人民群众是历史的创造者，是社会变革的决定性力量。"以人民为中心"就是对马克思主义人民观的继承

---

① 《习语"智"读｜精准，总书记交给我们的方法论》，新华社，2020年5月25日。

② 习近平：《摆脱贫困》，福建人民出版社，2019年版，第149页。

与发展，习近平总书记在脱贫攻坚中始终坚持人民至上和以人民为中心，强调“消除贫困、改善民生、逐步实现共同富裕，是社会主义的本质要求，是我们党的重要使命”；坚持和发展马克思主义的人民主体思想，强调“贫困群众既是脱贫攻坚的对象，更是脱贫致富的主体”“贫困地区的发展靠什么？千条万条，最根本的只有两条：一是党的领导；二是人民群众的力量。”①

三、怎么样实现“精准”

（一）党中央的坚强统一领导

2015 年以来，党中央为打赢脱贫攻坚战召开了 7 个专题会议。2015 年 2 月，在延安召开革命老区脱贫致富座谈会；2015 年 6 月，在贵阳召开部分省区市扶贫攻坚与“十三五”时期经济社会发展座谈会；2016 年 7 月，在银川召开东西部扶贫协作座谈会；2017 年 6 月，在太原召开深度贫困地区脱贫攻坚座谈会；2018 年 2 月，在成都召开打好精准脱贫攻坚战座谈会；2019 年 4 月，在重庆召开解决“两不愁三保障”突出问题座谈会；2020 年 3 月，在北京召开决战决胜脱贫攻坚座谈会。每次会议，党中央都围绕一个主题，分析存在的突出问题、集中研究破解之策、作出工作部署，为的就是千方百计让老百姓都能过上好日子，确保全面建成小康社会一个都不能少，不出现一个人掉队。

（二）主要解决“四个问题”

精准扶贫主要解决习近平总书记所说的“四个问题”：帮扶谁，通过建档立卡，把帮扶对象找出来；怎么扶，通过安排帮扶项目、资金、措施，精准实现怎么帮；谁来扶，派驻村工作队、驻村第一

---

① 何毅亭：《展现人类减贫史上的大国担当》，人民日报，2020 年 8 月 24 日，第 9 版。

书记和村两委合作，让精准扶贫政策落到贫困村、贫困户身上；怎么退，要真正够条件、真正达标了才能退。要通过习近平总书记提出的“五个一批”的路径来帮助贫困户真正脱贫：发展生产脱贫一批、易地扶贫搬迁脱贫一批、生态补偿脱贫一批、发展教育脱贫一批、社会保障兜底一批。从总体的要求来看，按照习近平总书记提出的“六个精准”要求，围绕怎么解决“四个问题”，坚持“五个一批”的路径，因村、因户、因人找出致贫原因，对症下药，才能够实现精准脱贫，真正扶到点上、扶到根上。

首先，帮扶谁的问题。可以通过有效、合规的程序，把谁是贫困居民识别出来。2014 年，各地政府开展了贫困识别，逐村逐户开展贫困识别，对识别出的贫困村、贫困户建档立卡。全国共识别出贫困村 12.8 万个、贫困户 2948 万户、贫困人口 8962 万人。2015 年到 2016 年开展了“回头看”的工作，新识别贫困人口 1656 万人，清退 1341 万识别不准人口。2016 年到 2018 年，继续开展动态调查，对返贫人口和新发生贫困人口及时纳入帮扶，纳入帮扶的新发生贫困人口 656 万人，返贫人口 95 万人。[①]

其次，谁来扶的问题。贫困居民识别出来以后，针对扶贫对象的贫困情况制定责任人和帮扶措施，确保帮扶效果。全国选派干部开展驻村帮扶，一线扶贫力量明显加强，打通了精准扶贫“最后一里路”。全国共派出 25.5 万个驻村工作队、累计选派 290 多万名县级以上干部到贫困村和软弱涣散村担任第一书记或驻村干部，目前在岗干部约有 91.8 万人。[②] 选派干部要做到习近平总书记强调的“实事求是，因地制宜，分类指导，精准扶贫”的工作方针，确保帮扶措施和效果落实到户、到人。党的十八大以来，基本实现选派

---

① 刘永富：《以习近平总书记扶贫重要论述为指导坚决打赢脱贫攻坚战》，《行政管理改革》2019 年第 5 期，第 4 页。

② 习近平：《在决战决胜脱贫攻坚座谈会上的讲话》，人民日报，2020 年 3 月 7 日，第 2 版。

全覆盖；完善驻村帮扶干部管理；精准实训提升驻村干部帮扶实战能力；转变作风发挥帮扶实效。

再次，怎么扶的问题。“五个一批”与“六个精准”构建了精准扶贫路径的四梁八柱，并在实践中因户施策，为贫困村、贫困户量身打造扶贫方案。习近平总书记强调，要解决好“怎么扶”的问题，按照贫困地区和贫困人口的具体情况，实施“五个一批”工程。一是发展生产脱贫一批，引导和支持所有具有劳动能力的人，依靠自己的双手开创美好明天，立足当地资源，实现就地脱贫。二是易地搬迁脱贫一批，贫困人口很难实现就地脱贫的要实施易地搬迁脱贫，按规划、分年度、有计划组织地实施，确保搬得出、稳得住、能致富。三是生态补偿脱贫一批，加大贫困地区生态保护修复力度，增加重点生态功能区转移支付，扩大政策实施范围，让有劳动能力的贫困人口就地转为护林员等生态保护人员。四是发展教育脱贫一批，治贫先治愚，扶贫先扶智，国家教育经费要继续向贫困地区倾斜、向基础教育倾斜、向职业教育倾斜，帮助贫困地区改善办学条件，对农村贫困家庭幼儿，特别是留守儿童给予特殊关爱。五是社会保障兜底一批，对贫困人口中完全或部分丧失劳动能力的人，由社会保障来兜底，统筹协调农村扶贫标准和农村低保标准，加大其他形式的社会救助力度。要加强医疗保险和医疗救助力度，新型农村合作医疗和大病保险政策要对贫困人口倾斜。要高度重视革命老区脱贫攻坚工作。

“六个精准”，即扶持对象精准、项目安排精准、资金使用精准、措施到户精准、因村派人精准、脱贫成效精准。“六个精准”的提出，为精准扶贫指明了努力的方向。扶贫开发贵在精准，重在精准，成败之举在于精准。“六个精准”覆盖了扶贫对象识别、帮扶和管理等各环节，用精准理念贯通扶贫开发全流程，改革过去的扶贫思路和方式，变大水漫灌为精准滴灌，变“输血”为“造血”，变重 GDP 为重脱贫成效。因户施策，量身打造扶贫方案，通过健康扶贫、教育扶贫、医疗扶贫、产业扶贫、电商扶贫、基础设施扶贫、公共服务扶贫等不同领域的帮扶，打好扶贫创新“组合拳”，全方位地保障贫困人口的生产生活。

最后，如何退的问题。以“两不愁、三保障”为贫困户退出验收标准。即以户为单位，实现人均纯收入稳定超过国家扶贫标准，且吃穿不愁，义务教育、基本医疗、住房安全有保障。建立起贫困户信息网络系统，将扶贫对象的基本资料、动态情况录入到系统，实施动态管理。对贫困农户实行一户一本台账、一个脱贫计划、一套帮扶措施，确保扶到最需要扶持的群众、扶到群众最需要扶持的地方。在退出的程序上，先由村“两委”组织民主评议，经村“两委”和驻村工作队核实、拟退出贫困户认可后，在村内公示无异议后即可退出，最后在建档立卡贫困人口中销号。对扶贫对象进行动态调整，使稳定脱贫的村与户及时退出，使应该扶持的扶贫对象及时纳入，从而实现扶贫对象有进有出，扶贫信息真实、可靠、管用。贫困村、贫困县的脱贫摘帽有各自的标准，必须履行相关的退出程序。

第三节　精准扶贫的成效

精准扶贫的实施，取得了显著成果，促进了基层治理能力的提升，孕育了脱贫攻坚精神。同时，推动了世界人权发展，并为世界提供了贫困治理经验。

一、精准脱贫成效显著

（一）摆脱绝对贫困

我国从20世纪80年代开始扶贫，有两个基本情况。一个是以当时的扶贫标准，贫困人口减到 3000 万左右就减不动了，另一个是贫困县越扶越多。这次脱贫攻坚扭转了这种趋势。在全党全国全社会共同努力下，我国脱贫攻坚取得决定性成就，创造了我国减贫历史上的最好成绩。现行标准下 9899 万农村贫困人口全部脱贫，832 个贫困县全部摘帽，12.8 万个贫困村全部出列，区域性整体贫困得到解决。贫困群众“两不愁”质量水平明显提升，“三保障”突出问题总体解决。这标志着消除绝对贫困和全面建成小康社会的任务完成，标志着中华民族长期以来摆脱贫困的梦想得以实现。中国共产党领导中国人民又一次创造了人间奇迹。

（二）大幅度提高贫困群众收入水平

我国坚持开发式扶贫方针，引导和支持所有有劳动能力的贫困人口依靠自己的双手创造美好明天。建档立卡的贫困人口中，90% 以上得到了产业扶贫和就业扶贫支持，三分之二以上主要靠外出务工和产业脱贫，工资性收入和生产经营性收入占比上升，转移性收入占比逐年下降，自主脱贫能力稳步提高。2013 年至 2019 年，832 个贫困县农民人均可支配收入由 6079 元增加到 11 567 元，年均增长 9.7%，比同期全国农民人均可支配收入增幅高 2.2 个百分点。全国建档立卡贫困户人均纯收入由 2015 年的 3416 元增加到 2019 年的 9808 元，年均增幅达 30.2%。[①]

（三）加快贫困地区经济社会发展

坚持以脱贫攻坚统揽贫困地区经济社会发展全局。贫困地区呈现出新的发展局面，特色产业不断壮大，产业扶贫、电商扶贫、光伏扶贫、旅游扶贫等模式较快发展，贫困地区经济活力和发展后劲

① 习近平：《在决战决胜脱贫攻坚座谈会上的讲话》，人民日报，2020 年 3 月 7 日，第 2 版。

明显增强。通过生态扶贫、易地扶贫搬迁、退耕还林还草等模式，贫困地区生态环境明显改善，贫困户就业增收渠道明显增多，基本公共服务日益完善。

贫困地区群众出行难、用电难、上学难、看病难、通信难等长期没有解决的“老大难”问题普遍解决，义务教育、基本医疗、住房安全普遍有了基本保障。具备条件的建制村全部通硬化路，村村都设置有卫生室和村医，10.8 万所义务教育薄弱学校的办学条件得到改善，农网供电可靠率达到 99%，深度贫困地区、贫困村通宽带比例达到 98%，960 多万贫困人口通过易地扶贫搬迁摆脱了“一方水土养活不了一方人”的困境。①

二、精准扶贫的溢出效应

所谓溢出效应，是指一个组织在进行某项活动时对组织之外的人或社会产生的影响。精准扶贫的“溢出效应”主要表现为治理能力的提升和脱贫攻坚精神的形成。

（一）推进治理能力提升

为打赢脱贫攻坚战，全国上下贯彻精准扶贫方略，建立了贫困治理体系，包括责任体系、政策体系、投入体系、动员体系、监督体系和考核体系，并形成相关工作机制。该举措既为脱贫攻坚的顺利开展提供了扎实保障，也为国家治理现代化提供了借鉴。按照习近平总书记“五级书记一起抓扶贫”的指导思想，各省自上而下地形成了省、市、县、乡、村五级书记一起抓扶贫的领导责任体制。抓党建促脱贫攻坚，贫困地区基层组织得到加强，基层干部通过开

① 习近平：《在决战决胜脱贫攻坚座谈会上的讲话》，人民日报，2020 年 3 月 7 日，第 2 版。

展贫困识别、精准帮扶，本领明显提高，巩固了党在农村的执政基础。全国共派出 25.5 万个驻村工作队、累计选派 300 多万名县级以上党政机关和国有企事业单位干部到贫困村和软弱涣散村担任第一书记或驻村干部，与数百万名基层干部一起奋战在扶贫第一线。[①] 广大党员干部深入贫困地区基层，切实帮助贫困地区开展精准扶贫，不仅助力贫困地区改变贫困现状，提升基层治理水平，也进一步密切了党群关系、干群关系，巩固了党的执政基础，成为新时代中国贫困治理进程的显著特色。无数年轻干部涌现于脱贫攻坚第一线，将脱贫攻坚一线作为自身历练、成长成才的主阵地和主战场，在群众最需要的地方，艰苦奋斗，施展才华。

（二）形成了脱贫攻坚精神

在脱贫攻坚战役中，涌现出一大批扎根基层、敢于攻坚、以民为先的扶贫干部先进典型。他们牢记党中央“绝不让一个贫困群众掉队”的庄严承诺，用真心、真情为群众脱贫出实招、干实事，赢得群众称赞。他们身上所展现出的创新、奋斗、奉献精神，是“红船精神”在扶贫领域的生动实践，是新时代党员干部应有的精神风貌。习近平总书记在全国脱贫攻坚总结表彰大会上将脱贫攻坚精神概括为“上下同心、尽锐出战、精准务实、开拓创新、攻坚克难、不负人民”二十四字。广大“脱贫群众精神风貌焕然一新”，他们艰苦奋斗、苦干实干、勇于用自己的双手创造幸福的生活。

---

① 习近平：《在全国脱贫攻坚总结表彰大会上的讲话》（2021 年 2 月 25 日），人民出版社，2021 年版，第 12 页。

三、精准扶贫的世界影响

（一）推动世界人权发展

贫困限制着个人最基本的生存权与发展权，中国减贫成就具有不可估量的人权意义。自新中国成立以来，中国对全球减贫贡献率超过70%，创造了人类有史以来规模最大、惠及人口最多的减贫奇迹。中国在70多年的减贫过程中，特别是实施精准扶贫以来，将少数民族、残疾人、老年人、儿童、妇女等作为重点对象予以扶持与保障，注重维护弱势群体权利。脱贫攻坚阶段，28个人口较少民族整族脱贫，2000多万贫困患病者得到分类救治，近2000万贫困群众享受低保和特困救助供养，2400多位困难和中毒残疾人获得生活、护理补贴。[①] 中国的减贫成就不仅使本国人民受益，还惠及全球减贫事业，对全球人权治理产生重要的推动作用。中国全面脱贫减缓全球贫困治理压力，并节约了资源，这些资源可以让其他国家加快脱贫速度，提高人民生活水平。此外，中国减贫成果还有助于提升全球人权治理的整体目标，即从“消除贫困”优先，逐渐上升到实现“促进人类与自然和谐共处以及可持续发展”这一更高目标。

（二）为世界提供贫困治理经验

我国提前10年实现联合国2030年可持续发展议程的减贫目标，除中国外，世界上没有哪一个国家能在这么短的时间内帮助这么多人脱贫，这对中国和世界都具有重大意义。国际社会对中国减贫方案高度赞扬。世界银行《中国系统性国别诊断》报告中称：

---

① 习近平：《在全国脱贫攻坚总结表彰大会上的讲话》（2021年2月25日），人民出版社，2021年版，第5—9页。

“中国在快速经济增长和减少贫困方面取得了‘史无前例的成就’”。联合国秘书长古特雷斯称：“精准扶贫方略是帮助贫困人口、实现 2030 年可持续发展议程设定的宏伟目标的唯一途径，中国已实现数亿人脱贫，中国的经验可以为其他发展中国家提供有益借鉴”。2018 年 11 月，在目标守卫者年度报告上，比尔·盖茨做演讲时肯定了中国在过去几十年取得的扶贫成就，称其是“世界史上最惊人的进步之一”，并且认为中国可以作为其他国家脱贫的范例。美国著名未来学家约翰·奈斯比特认为，从全球背景来看，中国减贫努力对寻求摆脱贫困的新兴经济体具有巨大价值。

第五章 中国贫困治理方案的世界意义

贫困治理是一个世界性难题。新中国成立初期，贫困问题较为严重。如今，中国作为世界反贫困行动中的主力军，反贫困工作取得了举世瞩目的成就。联合国秘书长古雷斯特说："中国已实现数亿人脱贫，中国的经验可以为其他国家提供有益借鉴"。中国贫困治理方案不可复制，但可为其他发展中国家消除极端贫困提供可借鉴的重要经验。

第一节 贫困治理的国际形势

放眼世界，贫困问题严重阻碍了各国的经济社会发展。在各国的努力下，世界反贫困工作取得了突破性进展。联合国《千年发展目标 2019 年报告》显示："生活在极度贫困中的人口已经从 2000 年的 19 亿人下降到 2015 年的 8 亿多人，减少了超过一半，全球 12 亿人口的卫生条件得到明显改善"[①]。但是仍然有成百上千万人连最基本的生存需求都得不到满足。尤其是南亚及撒哈拉以南的非洲等地区的发展情况不容乐观，全球 80％的极度贫困人口生活在这两个地区。而且由于气候变化、冲突与粮食不安全等因素带来的新威胁，这一比例仍在上升。新冠肺炎疫情的影响造成许多国家失业人数增加，收入减少，物价上涨，教育和医疗服务中断，进一步拖

① 李东燕：《联合国》，社会科学文献出版社，2018 年版，第 200 页。

慢了全球减贫进程，加重全球减贫的难度。

按照世界银行每人每日生活费 1.9 美元（按 2011 年购买力平价计算）的极端贫困标准，2013 年全球极端贫困人口总计 7.46 亿人，其中非洲 3.83 亿人，占 51.3%，亚洲 3.27 亿人，占 43.8%，南美洲 1900 万人，占 2.5%，北美洲 1300 万人，占 1.7%，大洋洲 250 万人，占 0.3%，欧洲 70 万人，占比不足 0.1%（见图 5-1）。贫困人口主要分布在亚非拉国家。2018 年全球贫困人口为 6. 4 亿人，撒哈拉以南的非洲地区有 4.47 亿人生活在贫困线以下，南亚地区贫困人口接近 1 亿，中东和北非地区、拉美和加勒比海地区、东亚和太平洋地区贫困人口均在 2800 万人左右。[①]

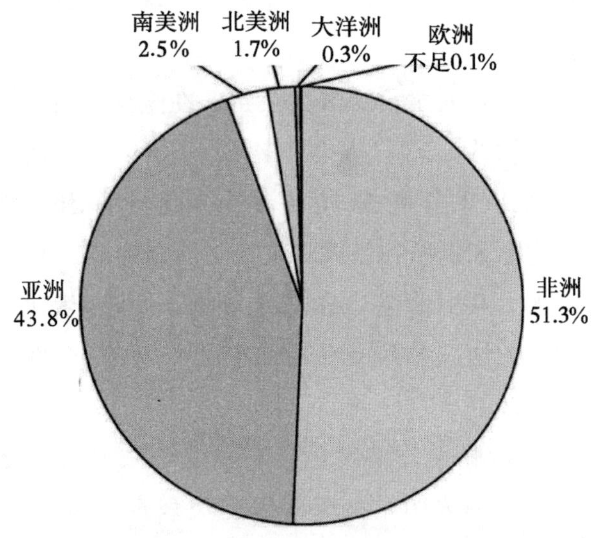

图 5-1　世界极端贫困人口分布图

由联合国开发计划署和牛津贫困与人类发展倡议（Oxford Poverty and Human Development Initiative）共同制定的多维贫困指数是一种超越收入的指标，将健康、教育和生活水平等多个方面纳入考量，以判断个人和家庭是否处于贫困状态，考察指标包括健

① 数据来源：世界银行数据库。

康状况、工作质量，以及是否面临暴力威胁等。2019年《全球多维贫困指数》报告显示，在撒哈拉以南的非洲地区，55%的人口（5.58亿人）属于多维贫困人口。其中，98%（5.47亿人）无法获得清洁的烹饪燃料，84%（4.7亿人）得不到电力供应，66%（3.66亿人）不能获得清洁饮用水，贫困发生率高达40%以上。该地区极端贫困人口的数量最大，三分之一的国家出现底层40%人口收入负增长。贫困人口遭受多方面的剥夺，如消费水平低、缺少教育机会和基本的基础设施服务。从贫困的维度来看，除了收入贫困外，教育、健康以及包括家庭用电、饮用水、卫生等设施在内的多维减贫面临更大的挑战。贫困的表现并不仅是收入或消费的不足，它往往意味着贫困人口缺少义务教育、基本公共卫生、生活水平等多方面保障。

在贫困人口中，儿童承受最大负担。在全球13亿贫困人口中，有超过半数，即大约6.63亿人的年龄在18岁以下，其中大约三分之一，即4.28亿人的年龄在10岁以下。上述贫困儿童中，有近85%都居住在南亚和撒哈拉沙漠以南的非洲等地区，两地的贫困儿童人数相差不大。其中，布基纳法索、乍得、埃塞俄比亚、尼日尔和南苏丹等国家的情况尤其严重，有超过90%的10岁以下儿童处于多维贫困状态。[①]

2019年底新冠肺炎疫情发生以来，全球减贫再度受挫。世界银行发布的最新预测表明，由于新冠肺炎病毒大流行，2020年全球预计有7000万至1亿人因疫情陷入极端贫困，近3年来针对世界上最贫穷国家的减贫成果将被吞噬。联合国预计，即使不考虑新冠肺炎疫情影响，到2030年全球仍将有6%的赤贫人口。[②] 当前，新冠肺炎疫情持续蔓延，与全球减贫赤字叠加震荡，为各国减贫努

---

① 数据来源于2019年《全球多维贫困指数》。

② 齐玉：《积极促进国际减贫合作 推动构建人类命运共同体》，《求是》2020年第14期，第48页。

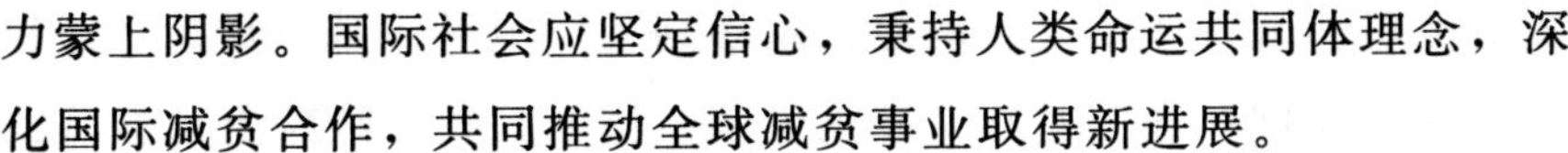

力蒙上阴影。国际社会应坚定信心，秉持人类命运共同体理念，深化国际减贫合作，共同推动全球减贫事业取得新进展。

第二节　贫困治理的中国经验

一、坚持以经济发展带动减贫

新中国成立初期，生产力发展水平较低，大面积灾荒加剧了贫困程度。在落后的生产条件下，党和国家主要采取恢复和发展各项生产、对贫困地区进行物资输送等措施缓解贫困。改革开放以来，随着人均 GDP 的增长，贫困发生率逐年下降。按照 1978 年（100 元）、2008 年（1196 元）和 2010 年（2300 元）三种衡量贫困人口收入的标准，按不变价格计算，可以发现，无论用哪种标准来衡量，我国都在保持经济增长的情况下实现了贫困率的持续下降（如图 5-2）。

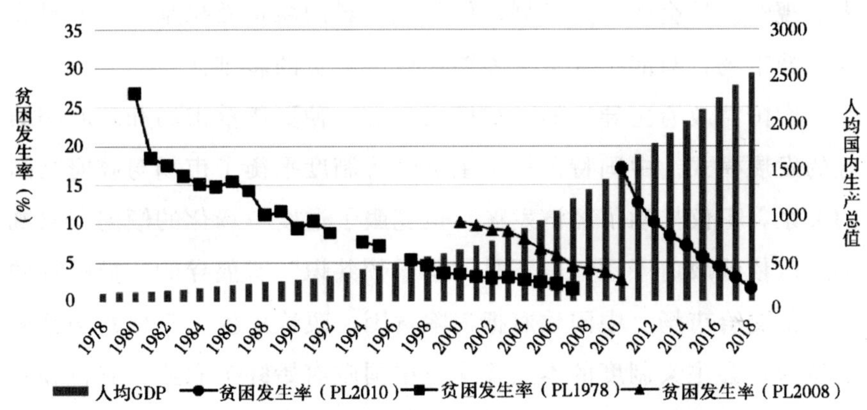

图 5-2　1979 年至 2018 年贫困发生率与 GDP 变化情况

经济的发展为国家调整扶贫政策提供了根本条件。改革开放 40 多年以来，中国历届政府都十分重视扶贫工作。政府通过制定减贫战略和政策体系，既确定长期规划又确定具体减贫目标，并根据实际不断创新和完善减贫政策体系。比如，扶贫战略上从救济式扶贫到开发式扶贫再到精准扶贫的不断创新，使经济增长、社会发展等相关政策更具包容性。中央先后实施《国家八七扶贫攻坚计划》《中国农村扶贫开发纲要（2001—2010 年）》《中国农村扶贫开发纲要（2011—2020 年）》，将减贫列入国家发展规划，有计划、有组织地进行大规模扶贫开发。

二、构建政府、市场、社会“三位一体”的大扶贫格局

在新中国的减贫史上，政府始终处于核心位置。中国的减贫首要经验就是“坚持政府主导，强化政府责任”。这与西方传统发展理念相悖，西方以市场经济为核心的传统发展理念认为，贫困地区的经济之所以落后，主要是缺乏有效的市场机制。因此，世界银行、国际货币基金组织和美国政府等向发展中国家推广“华盛顿共识”，主张发展中国家摆脱贫困需要通过实现自由市场经济的途径，来实现经济社会的快速发展。但是从世界的减贫效果来看，如果完全依赖市场，只能扩大贫富差距，侵蚀减贫的基础。

中国“政府主导”的减贫模式，是一种更尊重市场和政府相结合的发展模式。中国特色社会主义经济制度平衡了市场与政府之间的关系，不仅推动了经济发展，也克服了过度市场化的倾向。它既不过度依赖政府干预，也不是“华盛顿共识”所倡导的，把所有的任务都交给市场。中国政府把消除贫困、改善民生、实现共同富裕定位为社会主义制度的本质要求。中国政府始终把农业、农村和农民问题放在首位，不断夯实减贫的基础。政府通过不断加强贫困地区基础设施建设，提升公共服务水平。尤其是党的十八大以来，中央和地方政府不断加大对水、电、路、网等基础设施和公共服务建设投资力度。“四通”覆盖面不断扩大，教育文化卫生设施配置逐

渐齐全，生产生活条件得到进一步改善，贫困地区农村旧貌换新颜。

中国也十分重视市场在减贫中的作用，充分发挥市场在资源配置中的作用。近年来，中国探索出“电商扶贫、旅游扶贫、光伏扶贫”等新模式，倡导村企合作，发挥龙头企业的带头作用，不断营造有利于贫困地区劳动力转移就业的市场环境。这些都是希望通过激发市场的活力，将市场的活力注入到贫困地区中，将贫困地区的有限资源转化成资产，拓展贫困人口的增收门路。

在发挥政府与市场作用的同时，政府也注意不断引导社会力量参与减贫，逐步形成政府、市场和社会共同作用的“大扶贫”格局。扶贫不能只是政府的事、干部的事，要发动社会力量、各方面力量共同来做，运用社会资源来推动。社会组织参与扶贫可以发挥专业特长，从而提高扶贫的效果。在扶贫领域有许多不同类型的社会组织，发挥着不同的职能。比如，一些专门从事生态环境保护的社会组织发挥其专业特长，在生态脆弱地区实施社区参与的环境保护项目，在保护环境的同时增加了当地居民的收入，改善了当地人的生计；一些大型社会组织具有很好的品牌效应，筹款能力较强，可以实施较大规模的扶贫项目，覆盖比较大的贫困地区，成为精准扶贫的重要力量；一些规模很小的“草根”组织，长期在基层工作，与农民保持了密切的关系，在农村扎扎实实地开展工作。

三、始终坚持开放包容、合作共赢的减贫理念

“一家独放不是春，百花齐放春满园”。开放合作是增强国际经贸活力的重要动力，是推动世界经济稳定复苏的现实要求，更是促进人类社会不断进步的时代要求。消除贫困，是全人类共同面临的世界性难题。作为最大的发展中国家，我国在奋力消除自身贫困的同时，主动承担国际减贫责任，履行国际减贫承诺，参与和推动全

球减贫合作，为全球减贫作出了重大贡献。通过积极开展对外援助；积极开展南南合作、倡导构建人类命运共同体等新机制、新平台，推动建立合作共赢的新型国际减贫交流合作关系，支持和帮助广大发展中国家特别是不发达国家消除贫困，有效促进了全球范围内的减贫合作与共同发展。

（一）积极开展对外援助

在 2015 年减贫与发展高层论坛上，习近平总书记就指出："消除贫困是人类的共同使命。改革开放 30 多年来，中国走出了一条有特色的减贫道路。中国在致力于消除自身贫困的同时，积极展开南南合作，同舟共济，攻坚克难，支持和帮助广大发展中国家特别是不发达国家消除贫困，为各国人民带来更多福祉"①。

70 多年来，我国在致力于解决自身贫困问题的同时，通过经济援助、项目支持、技术合作、医疗援助、人员派遣、培养人才等多种方式，始终支持和帮助广大发展中国家特别是不发达国家消除贫困。

在经济援助方面，先后向 166 个国家和国际组织提供了 4000 多亿元人民币援助，先后 7 次宣布无条件减免与中国有外交关系的重债穷国和最不发达国家对华到期未还的政府间无息贷款债务；中国也将继续增加对最不发达国家投资，力争 2030 年达到 120 亿美元；将免除对有关最不发达国家、内陆发展中国家、小岛屿发展中国家截至 2015 年底到期未还的政府间无息贷款债务。

项目支持方面，在 2015 年联合国系列峰会上，中国向发展中国家提供"6 个 100"的项目支持，包括"100 个减贫项目、100 个农业合作项目、100 个促贸援助项目、100 个生态保护和应对气候

---

① 《习近平出席 2015 减贫与发展高层论坛并发表主旨演讲》，人民日报，2015 年 10 月 17 日。

变化项目、100 所医院和诊所、100 所学校和职业培训中心”，帮助其发展经济，改善民生。

在技术合作方面，“把促进其他发展中国家农业和农村发展、减轻贫困作为对外援助的优先领域，通过援建农场农业技术示范中心、农业技术试验站和推广站，兴建农田水利工程，提供农机具、农产品加工设备和相关农用物资，派遣农业技术人员和高级农业专家传授农业生产技术和提供农业发展咨询，为受援国培训农业人才等，积极帮助其他发展中国家提高农业生产能力，应对粮食危机。”①

在人员派遣方面，中国向世界各地派遣 60 万名援助人员，为 120 个发展中国家达成千年发展目标提供过帮助。

在医疗援助方面，中国自 1963 年参与国际医疗援助以来，派出援外医生 23000 多名，医疗队遍及亚洲、非洲、拉丁美洲和大洋洲的发展中国家。

中国扶贫基金会自 2005 年以来，在 20 多个国家和地区展开了人道主义紧急救援和长期发展援助项目，累计投入资金超过 1.6 亿元人民币，惠及约 45 万人次。中国点燃了世界贫困人口脱贫的希望。

（二）构建合作减贫新平台

进入新时代，我国以构建人类命运共同体积极为世界减事业贡献中国方案，先后提出“一带一路”倡议与设立“丝路基金”、筹建“亚洲基础设施投资银行”、设立南南合作援助基金和南南合作与发展学院，建立以合作共赢为核心的新型国际减贫交流合作关系等一系列国际减贫合作新机制、新平台。这些减贫合作机制有别于西方国家设立的传统援助机制，不附加任何政治条件，支持发展中

① 黄承伟：《中国共产党怎样解决贫困问题》，江西人民出版社，2020 年版，第 170 页。

国家基础设施建设，得到联合国及发展中国家的积极响应和高度赞扬。

2013年，习近平总书记在访问中亚和东南亚时，分别提出建设丝绸之路经济带和21世纪海上丝绸之路的倡议。“一带一路”倡议秉持“和平合作、开放包容、互学互鉴、互利共赢”的丝路精神，把中国发展同沿线国家发展结合起来，把中国梦同沿线各国人民的梦想结合起来，赋予古代丝绸之路以全新的时代内涵。在“一带一路”建设国际合作框架下，本着共商、共建、共享原则，朝着构建人类命运共同体的目标不断迈进。在各参与方共同努力下，“一带一路”日益成为开放包容的国际合作平台和各方普遍欢迎的全球公共产品。100多个国家和国际组织积极支持参与，一大批有影响力的标志性项目成功落地。设立于2014年底的丝路基金旨在利用中国资金实力直接支持“一带一路”建设。经过四年的投资运作，截至2018年底，丝路基金已签约项目30个，承诺投资金额110亿美元，投资项目已覆盖中东欧、南亚、中亚、西亚、北非等“一带一路”主要区域，涉及基础设施、能源资源、产能合作、金融合作等多个投资领域。[①]

亚洲基础设施投资银行简称亚投行。亚投行的成立宗旨是为了促进亚洲区域的建设互联互通化和经济一体化的进程，重点支持基础设施建设，并且加强中国及其他亚洲国家和地区的合作，是首个由中国倡议设立的多边金融机构。亚投行公布数据显示，截至2018年末，该机构成员总数扩大到93个，项目涉及东亚等六个地区13个国家，覆盖交通能源、电信、城市发展等多个领域。[②] 其中，以基础设施互联互通领域为重点，中国以丝路基金和亚投行为支撑的“一带一路”倡议，已然成为帮助沿线国家和地区发展经济

---

① 谢多：《为“一带一路”发展提供有力金融支持》，《中国金融》2019年第8期。

② 《共建“一带一路”倡议：进展、贡献与展望》，人民日报，2019年4月23日，第8版。

和减少贫困的有效途径。博鳌亚洲论坛发布的《亚洲竞争力 2018 年度报告》显示，2017 年“一带一路”倡议的红利集中显现，夯实了亚洲区域经济一体化的社会基础。中国企业在 20 多个国家建设经贸合作区，为有关国家创造近 11 亿美元税收和近 18 万个就业岗位。[①]

2015 年 9 月 26 日，中国国家主席习近平在纽约联合国总部出席联合国发展峰会，发表题为《谋共同永续发展，作合作共赢伙伴》的重要讲话。他在讲话中宣布，中国将设立“南南合作援助基金”，首期提供 20 亿美元，支持发展中国家落实 2030 年可持续发展议程。2017 年 5 月，习近平主席在“一带一路”国际合作高峰论坛开幕式上宣布向南南基金增资 10 亿美元。南南基金已在 30 多个发展中国家实施 80 余个项目，为全球可持续发展注入动力。2017 年，中国宣布向基金增资 10 亿美元。2016 年，成立南南合作与发展学院，旨在帮助发展中国家培养治国理政高端人才。学院迄今已招收 4 届硕士、博士研究生，共培养来自 59 个国家的 200 余名学生。

南南合作援助基金的设立，是中国政府支持 2030 年可持续发展目标，支持其他发展中国家可持续发展的重要工具之一；是中国政府重视南南合作、支持南南合作的具体行动；是中国作为负责任国家，欢迎各国搭乘中国发展“便车”，实现共同发展的重要体现。南南合作援助基金旨在汇聚中国和国际资源，推动南南合作，支持发展中国家平等参与全球经济治理，帮助发展中国家落实 2030 年可持续发展议程设定的各项目标，消除贫困、保障民生，实现经济、社会、环境协调发展，实现人与社会、人与自然和谐相处。

消除贫困是人类的共同使命，中国始终坚持走合作共赢、共同发展的道路。在贫困问题上，中国也秉持着国际减贫合作的理念。

---

① 《共建一带一路 发展开放型世界经济》，人民日报，2017 年 6 月 6 日，第 7 版。

党的十八大以来，积极倡导和推动构建人类命运共同体，推动共建“一带一路”，建设丝路基金，积极开展南南合作，通过政策对话、人员交流、合作研究、技术援助等方式，支持和帮助广大发展中国家特别是不发达国家减少和消除贫困，推动建立以合作共赢为核心的新型国际减贫交流合作关系，充分彰显中国推动构建人类命运共同体、为世界反贫困事业不断奋斗的大国担当。

（三）加强减贫交流合作

积极参与全球贫困治理，促进全球范围内减贫领域经验交流与知识分享。在2015年减贫与发展高层论坛的主旨演讲中，习近平主席明确提出“着力加强减贫发展合作，推动建立以合作共赢为核心的新型国际减贫交流合作关系，是消除贫困的重要保障”。在这一方向的指引下，中国积极推动减贫领域的国际交流合作，如举办扶贫国际论坛，开展扶贫经验交流。中国扶贫国际论坛自2016年开始举办以来，立足中国、面向世界，在凝聚各方共识、促进经验共享、推动务实合作等方面发挥了积极作用。

2016年，论坛开通“南南合作减贫知识分享网站”。该项目由世界银行发起，亚洲开发银行支持，中国互联网新闻中心旗下的中国发展门户网与中国国际扶贫中心联合运营，旨在搭建服务南南合作的扶贫知识分享平台。该平台正逐步成为汇集中国和国际扶贫发展经验的信息中枢。2017年，论坛发布“中外减贫案例数据库及在线分享平台”，通过绘制中国和国际减贫案例结构树，制定案例编写规范，以及建立完全开放的共享共建机制，成为国内外扶贫工作者分享减贫知识经验的最佳平台。

在中国减贫经验推广实战方面，主要通过国际减贫培训、项目合作、智库交流等多种形式，加强与发展中国家和国际机构在减贫领域的交流合作。“授人以鱼，不如授人以渔”。为了促进各国可持续经济转型，帮助扶贫事业发展，中国将自己的减贫方略、减贫经验毫无保留地与发展中国家共享。相关资料显示，自 2005 年中国开展扶贫减贫培训起，截至 2018 年 5 月，中国国际扶贫中心已举办 121 期培训班，共有来自 129 个国家的 3230 名官员参与培训。①

此外，项目合作也是与他国分享中国减贫经验的重要途径之一。2014 年 11 月，李克强总理在出席东盟与中日韩领导人会议期间，提出“东亚减贫合作倡议”，为加强东亚减贫合作，中方将出资 1 亿元人民币开展乡村减贫推进计划，并向东盟欠发达国家提供 30 亿元人民币的无偿援助。在中国－东盟合作框架下，探讨建立澜沧江－湄公河流域国家对话合作机制，支持东盟缩小发展差距。东亚地区国家可用好 10＋3 大米紧急储备机制，应对突发粮食安全问题。② 根据该“倡议”，中国—东盟形成了“中国—东亚乡村减贫合作示范项目”，将柬埔寨、老挝、缅甸三国作为第一批重点合作国家，由中国政府提供主要资金和技术支持，以中国扶贫开发“整村推进”的工作经验为基础，在合作国农村开展社区综合发展示范项目。中国—东亚乡村减贫合作示范项目的启动和实施，为东亚减贫提供了“中国样本”。③

第三节　中国贫困治理方案的意义

一、中国贫困治理方案的成就

1978 年以来，中国在减少贫困人口、提高居民生活质量方面取得了重大的进步。按照 2010 年农民年人均纯收入 2300 元的扶贫标准，农村贫困人口从 1978 年的 7.7 亿人减少到 2019 年的 551 万

① 张春侠：《中国减贫的世界贡献》，《中国报道》2018 年第 9 期。

② 《“中国方案”助力与东盟合作的“钻石”未来》，新华社，2014 年 11 月 4 日。

③ 《推进东亚减贫合作，共筑周边命运共同体》，中国日报，2021 年 1 月 20 日。

人，减少了 76488 万人；同期农村贫困发生率从 97.5%下降到 0.6%，降低了 94.4 个百分点（见表 5-1）。中国改革开放 40 多年，在减缓贫困方面取得了数千年来都没有取得的巨大成就，这样的减贫成就在人类发展的历史上也是十分罕见的。这既是中华民族进步的重要标志，也是对改善人类生存权和发展权的卓越贡献。

表 5-1　1978 年至 2019 年中国农村贫困变化（按 2010 年贫困标准）①

年份	农村贫困人口（万人）	贫困发生率（%）
1978	77039	97.5
1980	76542	96.2
1985	66101	78.3
1990	65849	73.5
1995	55463	60.5
2000	46224	49.8
2005	28662	30.2
2010	16567	17.2
2011	12238	12.7
2012	9899	10.2
2013	8249	8.5
2014	7017	7.2
2015	5575	5.7
2016	4335	4.5
2017	3046	3.1
2018	1660	1.7
2019	551	0.6

按照 2011 年购买力平价 1 人 1 天 1.9 美元的贫困标准，1981 年至 2013 年全球贫困人口减少了 12.3 亿人，同期中国贫困人口减

① 国家统计局住户调查办公室：《2019 中国农村贫困监测报告》，中国统计出版社，2019 年版。

少了 8.5 亿人（见表 5-2）。在这期间，中国减少的贫困人口占到全球减少贫困人口的 69.4%。换言之，如果没有中国在减贫事业中的巨大努力，全球贫困人口的数量要比实际多很多。

表 5-2　1981 年至 2013 年中国对全球贫困人口（2011 年 PPP 1 人 1 天 1.9 美元）**减少的贡献**①

项目		世界	中国
贫困人口（万人）	1981 年	199728	87780
	1990 年	195857	75581
	1999 年	175145	50786
	2010 年	111975	14956
	2013 年	76851	2511
1990 年至 2013 年贫困人口减少（万人）		119006	73070
中国贡献率（%）		61.4	
1981 年至 2013 年贫困人口减少（万人）		122877	85269
中国贡献率（%）		69.4	

1990 年至 2012 年，全球贫困人口减少了 54.2%，提前 3 年完成了千年发展目标确定的极贫人口减半的目标。在 1990 年至 2012 年全球减少的贫困人口中，中国贡献了 63%。不包括中国在内，其他国家在 1990 年至 2012 年只减少了其 1990 年贫困人口的 32.7%。也就是说，没有中国的突出贡献，就不可能完成千年发展目标中最重要的极贫人口减半的目标。因此，在这个意义上说，中国对于推进人类反贫困事业进步和千年发展目标实现，发挥了举足轻重的作用。

二、国际社会的评价

世界政党领导人、国际学者、国际组织与国外媒体均对中国的

① 资料来源：根据世界银行数据计算。

减贫事业给予了积极评价。国际人士相信中国将如期实现消除绝对贫困的目标，提前实现联合国 2030 年可持续发展议程的减贫目标。中国在扶贫脱贫方面取得的成就和经验，助力全球减贫事业的发展。

（一）世界政党领导人评价中国的脱贫攻坚

尼泊尔共产党中央书记、政府前总理贾拉·纳特·卡纳尔认为，尽管全球蔓延的新冠肺炎疫情给中国的脱贫攻坚带来了挑战，但中国将如期实现脱贫攻坚的伟大胜利，将提前实现联合国 2030 年可持续发展议程的减贫目标，并以此历史性成就永载史册。中国对待脱贫攻坚工作的态度严肃认真，政策效率有目共睹，为如何实现脱贫提供了生动范例，中国脱贫攻坚工作的经验值得致力于摆脱贫困的发展中国家学习借鉴。

俄罗斯联邦共产党中央委员会主席根纳季·久加诺夫认为，中国的扶贫工作成效显著，世界应该从中国的减贫经验中获得更多启发。中国经受住了新冠肺炎疫情带来的考验，中国特色社会主义制度的显著优势得到了充分体现。中国统筹推进疫情防控和经济社会发展工作，全面落实“六稳”“六保”政策举措就是例证。中国一如既往地坚持以人民为中心，把消除贫困、稳就业、保民生作为优先任务，持续推动决胜全面建成小康社会、决战脱贫攻坚。中国的脱贫攻坚得到了联合国的认可和高度评价。消除贫困也是俄罗斯发展进程中面临的问题，中国的脱贫经验对俄罗斯推动经济社会发展也具有启发意义。

巴布亚新几内亚单一民族党领袖、东高地省省长彼得·努姆认为，过去几十年来，中国已经成功让数亿人口摆脱贫困，中国政府仍在不懈努力。我对中国如期全面建成小康社会、实现脱贫攻坚目标充满信心。在我看来，了解中国的最好方法就是到中国看看。正是中国共产党的努力才让中国取得了今天的成就。中国共产党对国家发展有清晰长远的规划，党的决策总是从人民利益出发，时刻思考怎样做才能为人民创造更多机会、带来更美好的生活。中国的减贫经验值得其他国家学习，这包括决策机制和减贫方法。[①]

孟加拉国共产党（马列主义）总书记巴鲁阿说，中国政府在全球的减贫事业当中，发挥了模范性作用。中国的治理体系具有内在驱动力，并且有着良好的体制机制，社会主义制度焕发出了新的活力。俄罗斯联邦共产党中央副主席诺维科夫认为，中国共产党的成功秘诀在于将脱贫视为国家发展的一大重要方向，将经济发展的全部动力投入到消除贫困中。埃及驻华大使穆罕默德·巴德里说，中国的脱贫事业可以说是富有远见和成功的，这得益于中国领导人富有与贫困作战的勇气和愿景——发起了脱贫攻坚战，并且脚踏实地地行动，积累了丰富的经验。[②]

（二）国际学者评价中国脱贫攻坚

尼日利亚中国研究中心主任查尔斯·奥努奈朱认为，中国消除贫困的措施切实可行、针对性强且可持续，尼日利亚需要学习中国农村的脱贫经验。柬埔寨民间社会论坛联盟项目规划部主任谢莫尼勒非常关注中国的精准扶贫模式，如旅游扶贫。他希望将适合柬埔寨的项目引进，帮助柬埔寨推进扶贫减贫。菲律宾金砖政策研究会创始人赫尔曼·劳雷尔对中国几十年来持续脱贫攻坚取得的显著成就表示钦佩。他说40多年来，中国成功让数亿人口摆脱贫困，这是对全球减贫事业的巨大贡献，彰显了中国共产党强大的执政能力。欧洲研究国际中心中国问题高级研究员乔治·措戈普洛斯对中国政府工作报告聚焦民生，提出打赢脱贫攻坚战表示赞赏。他表示，中国政府在支持农村发展过程中，将扶贫与保护自然资源、发

① 《为全球减贫事业贡献中国智慧和中国方案》，人民日报，2020年8月11日。

② 《中国经验福建实践助力全球减贫事业》，福建日报，2020年10月15日。

展电子商务等有效结合，推动欠发达地区消费能力逐步上升，相关做法值得许多发展中国家学习。①

（三）世界性组织与国外媒体评价

近年来，国际社会和舆论对中国的减贫成就和国际贡献更是高度赞誉。联合国秘书长安东尼奥·古特雷斯曾表示，在消除贫困领域，中国无疑向世界交出了一份令人满意的答卷，中国在消除贫困中最重要的贡献是中国自身取得的成就。世界银行行长金墉曾在2017年国际货币基金组织和世界银行秋季年会上说："中国扶贫开发经验对其他中等收入国家来说非常有借鉴意义。中国通过经济改革，融入全球市场，帮助数亿人摆脱贫困。全球极端贫困人口比重从20世纪90年代的近40%降至目前的10%左右，其中绝大部分贡献来自中国，这是人类扶贫开发史上的重要篇章。"②

此外，一些国际媒体和研究机构负责人对中国减贫成效给予高度关注。例如，《纽约时报》指出，极端贫困人口的大幅减少主要应归功于中国取得的经济进步。《赫芬顿邮报》刊文说，"世界减贫成绩最大的功劳来自中国，中国之所以能够取得如此显著的成绩，归功于经济发展，离不开政府在改革方面做出的努力"。俄罗斯《独立报》评论说："通过带领中国走向前所未有的繁荣富强，中国共产党证明了自己的理论和实践的优越性"。埃及《金字塔报》副主编萨米·卡姆哈维表示，2019年是中国全面建成小康社会、实现第一个百年奋斗目标的关键之年。打赢脱贫攻坚战，不仅关乎中国发展，对国际社会也将产生巨大影响。因为中国的成功意味着占世界五分之一人口的国家消除了绝对贫困现象，势必为其他国家提供重要经验。③

---

① 《国际社会积极评价中国脱贫攻坚成就与经验》，新华社，2019年3月10日。

② 《为全球减贫贡献伟力的中国实践》，光明日报，2020年10月11日。

③ 《中国对全球减贫贡献最大》，新华社，2017年1月16日。

三、中国贫困治理方案对发展中国家的启示

中国特色减贫道路丰富发展了国际反贫困理论。中国特色减贫道路充分发挥中国共产党领导的政治优势和社会主义制度集中力量办大事的制度优势，以发展带动减贫，以脱贫攻坚统揽经济社会发展全局，集中力量，精准施策，综合性帮扶贫困人口脱贫，促进贫困地区发展，实现贫困人口脱贫与区域整体发展互动，并对西方“涓滴理论”蕴含的做法进行学理性分析，无疑将促进反贫困理论的拓展。中国特色减贫道路始终坚持开发式扶贫，把扶贫同扶志扶智有机结合，通过“智”“志”双扶，激发脱贫主体内生动力。不断根据实践变化创新扶贫方式。十八大以来，中国以精准扶贫方略为核心，建立做到“六个精准”、实施“五个一批”、解决“四个问题”的工作机制，在实践中形成了多种精准扶贫、精准脱贫路径模式，从多个层面拓展了中国农村反贫困理论。这些具有很强的针对性、政策性和实践性的扶贫脱贫方法，对于推动国际贫困治理理论的创新，具有重要参考价值。具体来说，中国贫困治理方案对世界的启示有以下几个方面。

（一）发挥政党的作用

党的十九大报告指出，中国共产党的领导是中国特色社会主义的最本质特征也是最大的优势，正是因为有党的坚强领导，国家治理体系才能不断完善，治理能力才能不断提升。摆脱贫困与政党的责任是息息相关的。在中国的贫困治理体系中，党中央是坐镇中军帐的“帅”，车马炮各展其长，一盘棋大局分明，体现为总揽全局、同向发力的效率，体现为高度的组织、动员能力，体现为长远的规划、决策和执行能力。中国政党在减贫中始终坚持以人民为中心，保持党和人民群众的血肉联系、加强党风廉政建设和农村基层党

建、加强文化建设和农民教育、推进治理体系改革。

70 多年来，正是因为始终在党的领导下，国家统一有效组织各项事业、开展各项工作，集中力量办大事，才能成功应对一系列重大风险挑战、克服无数艰难险阻，始终沿着正确方向稳步前进。因此，无数实践表明，坚持党的领导能够最大程度地发挥我国的制度优势，办成大事。这对其他发展中国家的启示，首先就是各国政党要发挥主心骨作用，要领着群众干，带着群众去发展致富。其次对于全球减贫事业来说，虽然取得长足进展，但面临的困难和挑战仍然很严峻，迫切需要包括各国政党在内的国际社会凝聚共识、携手合作，坚持多边主义，维护和平稳定，加快推动全球减贫进程中各国政党的责任使命，才能形成强大的减贫合力，才能推动全球减贫事业的发展进步。

（二）社会稳定是贫困治理的前提

邓小平同志曾经指出："中国的问题，压倒一切的是需要稳定。没有稳定的环境，什么都搞不成，已经取得的成果也会失掉。"这不仅被改革开放和现代化建设的实践所充分证明，也是广大干部群众从经验和教训中得出的共同结论，是人民的共同心声。只有在和平与稳定的环境下，才谈得上发展。稳定是一个国家乃至全球经济社会发展的必要前提。没有稳定，发展就不会稳固，也不会持久。没有稳定的环境，国家、社会、个人的发展都无从谈起。保持社会稳定是大局，这是我国现代化建设的一条极其重要的经验，也是我国深化贫困治理的前提与基础。

改革开放以来，我国经济始终保持持续快速健康发展，综合国力显著增强，人民生活逐步改善。以改革促发展，以发展带动脱贫，以脱贫为抓手带动经济社会的各项事业，进一步加强了我国的国际影响力与话语权。反观国外一些国家深陷战争的泥沼，最基本的生命安全得不到保障，更无法谈及减贫事业。现在虽然全球总体呈现和平局面，但是地区冲突时有发生。比如，叙利亚成了大国势力的博弈场，美伊仍然局面紧张。一个国家不稳定，最受苦的是普通百姓，百姓流离失所，最根本的生命健康权都无法保证，个人发展也无从谈起。在经济全球化、社会信息化时代，一国动荡和冲突很容易外溢，对邻国和整个地区甚至国际格局都会构成威胁。总之，我国取得的方方面面的成就，都同我们的社会保持团结稳定的局面密切相关。

（三）实施精准扶贫

从实现脱贫的有效性看，中国特色减贫道路中的减贫路径具有两个方面的特征：

一是综合性。发生贫困的原因往往是多维的，导致贫困的因素也是多样化的，这就决定了贫困问题的产生具有复杂性。可见，采取单一减贫措施难以解决多种原因造成的贫困难题。而中国的减贫举措是，以需求为导向，推动综合性扶贫思路和精准性扶贫方法的紧密结合，从而实现扶贫资源的有效供给与扶贫对象的实际需求有机衔接，综合性地消除致贫因素，整体性地帮助贫困人口摆脱贫困。

二是精准性。中国脱贫攻坚以精准扶贫为基本方略，首先解决好贫困识别这一世界难题。把发挥政府主导作用和组织动员群众参与结合起来，以确保贫困识别的科学性和真实性为目标，逐步形成自上而下（指标规模控制、分级负责、逐级分解）与自下而上（村民民主评议）有机结合的精准识别机制。实践证明，这套精准识别机制有效地解决了贫困瞄准问题。

部分参考文献

1. 习近平. 摆脱贫困 [M]. 福州：福建人民出版社，1992.

2. 中共中央党史和文博研究院. 习近平扶贫论述摘编 [M]. 北京：中央文献出版社，2018.

3. 王灵桂，侯波. 中国共产党贫困治理的实践探索与世界意义 [M]. 北京：中国社会科学出版社，2019.

4. 吴国宝. 中国减贫与发展（1978—2018）[M]. 北京：社会科学文献出版社，2018.

5. 黄承伟. 中国共产党怎样解决贫困问题 [M]. 南昌：江西人民出版社，2020。

6. 雷明，姚昕言等著. 贫困与贫困治理——来自中国的实践（1978—2018）[M]. 北京：经济科学出版社，2019.

7. 毛泽东. 共产党基本的一条就是直接依靠广大人民群众 [M]. 北京：中央文献出版社，1998.

8. 邓小平. 邓小平文选第 2 卷 [M]. 北京：人民出版社，1993.

9. 邓小平. 邓小平文选第 3 卷 [M]. 北京：人民出版社，1994.

10. 江泽民思想年编（1989—2008）[M]. 北京：中央文献出版社，2010.

11. 中共中央党史和文献研究院. 习近平扶贫论述摘编 [M]. 北京：中央文献出版社，2018.

12. 国务院新闻办公室，中央文献研究室，中国外文局. 习近平谈治国理政第 2 卷 [M]. 北京：外文出版社，2017.

13. 紧紧围绕坚持和发展中国特色社会主义学习宣传贯彻党的

十八大精神［M］. 北京：中央文献出版社，2014.

14. 国务院新闻办公室. 中国的农村扶贫开发纲要（2001—2010）［Z］. 2001（06）.

15. 中共中央文献研究室. 人民对美好生活的向往，就是我们的奋斗目标［M］. 北京：中央文献出版社，2014.

16. 中共中央宣传部. 习近平总书记系列重要讲话读本［M］. 北京：人民出版社，2016.

17. 顾龙生. 毛泽东经济年谱［M］. 北京：中共中央党校出版社，1993.

18. 国家统计局：中国农村贫困监测报告（2008）［M］. 北京：中国统计出版社，2009.

19. 厉以宁：股份制与现代市场经济［M］. 南京：江苏人民出版社，1994.

20. 吕华. 贫困治理 精准扶贫绩效提升研究［M］. 南昌：江西人民出版社，2018.

21. 张磊，黄承伟等. 中国扶贫开发政策演变（1949—2005年）［M］. 北京：中国财政经济出版社，2007.

22. 李东燕. 联合国［M］. 北京：社会科学文献出版社，2018.

23. 陈志钢，吴宝国，毕洁颖. 从乡村到城乡统筹：2020 年后中国扶贫愿景和战略重点［M］. 北京：社会科学文献出版社，2019.

24. 刘国平. 中国贡献——中国复兴的国际境界［M］. 北京：中国社会科学出版社，2017.

25. 国家民委政策研究室. 国家民委民族政策文件选编（1979—1984）［G］. 北京：中央民族大学出版社，1988.

26. 中共中央党史和文献研究院. 十八大以来重要文献选编［G］. 北京：中央文献出版社，2018.

27. 许汉泽. 新中国成立 70 年来反贫困的历史、经验与启示［J］. 中国农业大学学报：社会科学版，2019（05）.

28. 唐任伍. 脱贫攻坚：中国方案、中国经验和中国贡献［N］. 人民论坛，2020（02）.

29. 张远新，吴素霞. 全球贫困治理的中国经验与世界启示［J］. 思想政治课研究，2020（04）.

30. 云理轩. 为人类减贫事业贡献中国方案［J］. 社会主义论坛，2020（04）.

31. 李文，王子尘. 中国减贫成就的世界意义［J］. 实践：思想理论版，2020（08）.

32. 陈洋庚，胡军华. 新时代中国特色扶贫开发：学理逻辑与中国贡献［J］. 江西财经大学学报，2020（05）.

33. 高帆. 城乡二元结构转化视域下的中国减贫"奇迹"［J］. 学术月刊，2020（09）.

34. 吕培亮，牟成文. 党的十八岁大以来中国扶贫减贫的世界意义［J］. 中共山西省委党校学报，2020（03）.

35. 华正学. 江泽民反贫困思想的精神特质及成因分析［J］. 河北省社会主义学院学报，2015（04）.

36. 叶兴庆，殷浩栋. 从消除绝对贫困到缓解相对贫困：中国减贫历程与2020年后的减贫战略［J］. 改革，2019（12）.

37. 熊德平. 农村小额信贷：模式、经验与启示［J］. 财经理论与实践，2005（02）.

38. 龚晨. 农村基层党组织建设与脱贫攻坚耦合效应提升探论［J］. 行政与法，2017（03）.

39. 贺卫，潘锦云. 党的全面领导在脱贫攻坚中的作用研究初探——基于党的建设理论视角［J］. 华北理工大学学报：社会科学版，2020（01）.

40. 冯菊. 改革开放以来我国扶贫思想研究［J］. 世纪桥，2018（07）.

41. 许尔锋. 切实抓好贫困地区的"五好村"建设［J］. 党的

建设，1998（05）.

42. 朱彦. 脱贫攻坚背景下加强贫困农村党建工作的路径［J］. 广西职业技术学院学报，2017（04）.

43. 刘天东. 推进党建扶贫 引领群众共奔小康［J］. 中国经贸导刊，2017（10）.

44. 何晏，郑明达. 脱贫攻坚谁负责？咋考核？——访中国国际扶贫中心主任黄承伟［J］. 半月谈，2015（23）.

45. 顾仲阳. 22个省区市和中央签署脱贫军令状［J］. 农村工作通讯，2015（23）.

46. 位杰，徐海峰. 驻村制度：精准扶贫视域下嵌入式扶贫模式探析——基于河北省顾家台村的调查研究［J］. 太原理工大学学报：社会科学版，2020（02）.

47. 范小建. 党的领导是扶贫事业取得巨大成就的根本保证［J］. 党建研究，2009（11）.

48. 汪三贵. 中国40年大规模减贫：推动力量与制度基础［J］. 中国人民大学学报，2018（06）.

49. 阎阳生. 我国民营企业的产生、发展与现状［J］. 中国商贸，1998（08）.

50. 梁朋. 重视发挥第三次分配在国家治理中的作用［J］. 中国党政干部论坛，2020（02）.

51. 李小云，唐丽霞，许汉泽. 论我国的扶贫治理：基于扶贫资源瞄准和传递的分析［J］. 吉林大学社会科学学报，2015（04）.

52. 文建龙. 新中国前30年的反贫困实践及其经验教训［J］. 攀登，2014（05）.

53. 向德平. 包容性增长视角下中国扶贫政策的变迁与走向［J］. 华中师范大学学报：人文社会科学版，2011（04）.

54. 华正学. 新中国60年反贫困战略的演进及创新选择［J］. 农业经济，2010（07）.

55. 张新伟. 扶贫政策低效性与市场化反贫困思路探寻 [J]. 中国农村经济，1999 (02).

56. 汪三贵，Albert Park，Shubham Chaudhuri. 中国新时期农村扶贫与村级贫困瞄准 [J]. 管理世界，2007 (01).

57. 汪三贵. 中国新时期农村扶贫与村级贫困瞄准 [J]. 管理世界，2007 (01).

58. 黄承伟，覃志敏. 论精准扶贫与国家扶贫治理体系建构 [J]. 中国延安干部学院学报，2015 (01).

59. 汪三贵，郭子豪. 论中国的精准扶贫 [J]. 贵州社会科学，2015 (05).

60. 马尚云. 精准扶贫的困难及对策 [J]. 学习月刊，2014 (10).

61. 刘同舫. 中国奇迹“奇”在哪里？——访浙江大学马克思主义学院院长刘同舫教授 [J]. 马克思主义研究，2020 (04).

62. 谢多. 为“一带一路”发展提供有力金融支持 [J]. 中国金融，2019 (08).

63. 张春侠. 中国减贫的世界贡献 [J]. 中国报道，2018 (09).

64. 蔡昉. 穷人的经济学——中国扶贫理念、实践及其全球贡献 [J]. 世界经济与政治，2018 (10).

附录一
中共中央、国务院关于帮助贫困地区尽快改变面貌的通知

（一九八四年九月二十九日）

中发〔1984〕19号

党的十一届三中全会以来，全国农村形势越来越好。但由于自然条件、工作基础和政策落实情况的差异，农村经济还存在发展不平衡的状态，特别是还有几千万人口的地区仍未摆脱贫困，群众的温饱问题尚未完全解决。其中绝大部分是山区，有的还是少数民族聚居地区和革命老根据地，有的是边远地区。解决好这些地区的问题，有重要的经济意义和政治意义。各级党委和政府必须高度重视，采取十分积极的态度和切实可行的措施，帮助这些地区的人民首先摆脱贫困，进而改变生产条件，提高生产能力，发展商品生产，赶上全国经济发展的步伐。

一、明确指导思想

过去国家为解决这类地区的困难，花了不少钱，但收效甚微。原因在于政策上未能完全从实际出发，将国家扶持的资金重点用于因地制宜发展生产，而是相当一部分被分散使用、挪用或单纯用于救济。为此，必须认真总结经验，明确改变贫困地区面貌的根本途径是依靠当地人民自己的力量，按照本地的特点，因地制宜，扬长避短，充分利用当地资源，发展商品生产，增强本地区经济的内部活力。

国家对贫困地区要有必要的财政扶持，但必须善于使用，纠正单纯救济观点。山区要认真重视发展林业、畜牧业、加工业、采矿业及其他多种经营，建立合理的生产结构，密切同城市和平原地区经济的联系，变单一经营为综合经营，变自然经济为商品经济，纠正依赖思想。

解决贫困地区的问题要突出重点，目前应集中力量解决十几个连片贫困地区的问题。要经过调查论证，综合研究，确定具体措施，逐项予以落实。国家用于贫困地区的资金和物资，不能采取“撒胡椒面”的办法平均使用，更要严禁挪作他用。

二、进一步放宽政策

对贫困地区要进一步放宽政策，实行比一般地区更灵活、更开放的政策，彻底纠正集中过多、统得过死的弊端，给贫困地区农牧民以更大的经营主动权。

（一）在坚持土地公有的前提下，由群众自主选择最适宜的经营形式。有些地方，有些生产项目群众愿意进行个体经营，应当允许。

（二）耕地承包期可以延长到三十年。允许转让承包权。

（三）牲畜可分到户或作价归户，私有私养，允许自宰自售。

（四）荒山草坡应分包到户，由户长期使用。

集体的宜林近山、肥山和疏林地可划作自留山，由社员长期经营，种植的林木归个人所有，允许继承，产品自主处理，可以折价有偿转让，允许卖“活立木”。不便归户经营的远山、瘦山，可以实行合作经营，种树种草，收益按股分红。荒山多的地方，可以独户或联户承包经营，承包期不少于五十年；还可包给平原地区的群众经营，收入按比例分成。集体林场可以折价作股办林业合作社，按股分红；也可以联户承包经营。

（五）国家在贫困地区兴办的企事业单位（国营林场、自然保护区、水库、电站、工厂等）要本着不与农民争利和适当让利于民的原则，处理好同周围社队的关系。水库的发电、水费和水产、林产收入在一定时期内应以一定比例用于安排水库移民的生产。

凡国营企业单位无力经营或经营得很不好的山场、水面、矿藏，可以包给农民经营，收益按一定比例分成；这些单位如需要人力，应尽量从周围农村吸收，或采用和周围农民联营办法，以充分利用资源，增加农民收入。

（六）凡有矿产资源的地方，有关部门要有计划地划定地段，积极组织当地农民集资开采，或者由当地人同外地人合作开采。开采者应按规定交纳国土资源使用费，遵守国家有关法律、法令。

（七）二十五度以上的陡坡耕地原则上要逐步分期退耕，由原耕者造林种草，谁种谁有，长期经营，允许继承。

三、减轻负担、给予优惠

（一）对贫困地区从一九八五年起，分别情况，减免农业税。最困难的免征农业税五年，困难较轻的酌量减征一至三年。

（二）鼓励外地到贫困地区兴办开发性企业（林场、畜牧场、电站、采矿、工厂等）五年内免交所得税。

（三）乡镇企业、农民联办企业、家庭工厂、个体商贩的所得税是否减免以及减免的幅度和时间由县人民政府自定。

（四）一切农、林、牧、副、土特产品（包括粮食、木、竹），都不再实行统购、派购办法，改为自由购销，有关的国营部门和供销合作社应积极开展代购代销业务。

木材砍伐应依照森林法进行，由地方林业管理部门划定地区，发特许证。开放竹木市场，允许自由出售，允许加工和以木换粮换物，某些需要保护的药物资源，如麝香、杜仲、厚朴、甘草等，只能到指定的收购部门议价出售，以保护资源，永续利用。

（五）部分缺衣少被的严重困难户，可由商业部门赊销给适量的布匹（或成衣）和絮棉，需要蚊帐的赊销给蚊帐。赊销贷款免息。

四、搞活商品流通，加速商品周转

贫困地区要首先解决由县通到乡（区或公社）的道路。争取在五年内使大部分乡（区或公社）都能通汽车或马车。这些道路由国家、地方、群众共同出资出人修筑。可利用库存余粮组织修路劳务。国家从公路养路费中征收的重点建设资金，五年内每年拿出一部分，给交通部门作为帮助贫困山区修路的专款使用。修路所需器材由国家物资部门作出安排，给以支持。乡以下道路以民办为主。有水运条件的地方要积极整修河道，发展水上交通。积极发展运输专业户和运输合作组织。积极恢复马帮、驴帮、牛帮等运输形式。各级交通部门应就此事做出切实可行的规划。

要依靠和扶持当地群众搞好产品购销，放手发展集体、个体运销业。凡是山区人民要求出售的，城市、平原区或外贸需要的产品，国营商业、外贸、供销合作社都要及时收购，开辟销路。要帮助山区增加贮藏加工设备，尽量把山区产品变为商品。鼓励并扶持有条件的地方，集资兴办水电、火电，解决能源问题。

少数民族地区继续执行贸易优惠政策。

五、增加智力投资

要重视贫困地区的教育，增加智力投资。有计划地发展和普及初等教育，重点发展农业职业教育，加速培养适应山区开发的各种人才。

山区的科技、卫生工作也应有切实的规划，各有关部门均应围绕山区开发的目标，采取措施，逐步实现。

六、加强领导

（一）有关各省、自治区要成立贫困山区工作领导小组，负责检查督促各项措施的落实。

（二）国家有关部门（包括计划、农业、水电、林业、商业、交通、机械、冶金、煤炭、化工、地质、物资、民政、卫生、文教、金融等）都应指定专人负责，分别作出帮助贫困地区改变面貌的具体部署，并抓紧进行，保证实现。

（三）贫困地区各级党、政机构的设置，人员配备，应从实际出发，不强调上下对口，尽量做到简政便民。

（四）在划定的贫困地区，除国家适当增加投资外，各部门戴帽下达到贫困地区县的各项建设经费，由县政府统筹安排，集中用于关系群众切身利益的生产建设项目。对贫困地区的其他各种负担和摊派要认真加以整顿，该减的减，该免的免，该留的留。由县提出方案，经省批准实行。

由于调整政策、实行减税免税、发展教育事业而增加的财政支出，首先由地方财政解决，地方财政确有困难的，由中央财政酌予补贴。

（五）对分散插花贫困乡村的问题，各地可视地方财力情况，参照本通知精神量力逐步解决。

当前，改变贫困地区面貌的条件是存在的，也是可以尽快实现的。关键是加强领导。中央切望各有关部委、地方各级党委，特别是贫困地区的县委，要关心人民疾苦，提高为人民服务的自觉性，千方百计把这件工作办好。要教育干部，奋发图强，不畏艰难，努力学习，重视科技，尊重群众，尊重实践，勇于从实际出发，踏踏实实进行工作，力戒形式主义、摆花架子等不良作风。在几年内务必把山区林业、畜牧业、加工业、采矿业抓上去，务必把能源运输问题解决好，为改变贫困地区面貌，实现党的十二大提出的宏伟目标，切实做出成绩。

附录二 国家八七扶贫攻坚计划（1994—2000年）

（一九九四年四月十五日）

国发〔1994〕30号

社会主义要消灭贫穷。为进一步解决农村贫困问题，缩小东西部地区差距，实现共同富裕的目标，国务院决定：从1994年到2000年，集中人力、物力、财力，动员社会各界力量，力争用7年左右的时间，基本解决目前全国农村8000万贫困人口的温饱问题。这是一场难度很大的攻坚战。为此，国务院制定《国家八七扶贫攻坚计划》，这是今后7年全国扶贫开发工作的纲领，也是国民经济和社会发展计划的重要组成部分。

一、形势与任务

（一）扶持贫困地区尽快改变贫穷落后的面貌，是党中央、国务院的一贯方针。特别是80年代中期以来，国家在全国范围内开展了有组织、有计划、大规模的扶贫工作，不仅大幅度增加了扶贫投入，制定了一系列扶持政策，而且对先期的扶贫工作进行了根本性的改革与调整，实现了从救济式扶贫向开发式扶贫的转变。经过连续多年的艰苦努力，全国农村的贫困问题已经明显缓解，没有完全稳定解决温饱的贫困人口已经减少到8000万人。这是一个巨大的历史性成就，证明党中央、国务院制定的扶贫方针、政策是正确的，充分体现了社会主义制度的优越性。

（二）尽管目前的贫困人口只占全国农村总人口的8.87%，但是扶贫开发的任务十分艰巨。这些贫困人口主要集中在国家重点扶持的592个贫困县，分布在中西部的深山区、石山区、荒漠区、高寒山区、黄土高原区、地方病高发区以及水库库区，而且多为革命老区和少数民族地区。共同特征是，地域偏远，交通不便，生态失调，经济发展缓慢，文化教育落后，人畜饮水困难，生产生活条件极为恶劣。这是扶贫攻坚的主战场，与前一阶段扶贫工作比较，解决这些地区群众的温饱问题难度更大。

（三）建立社会主义市场经济体制，给贫困地区的发展带来了前所未有的机遇和更加广阔的前景，但在这个过程中贫困地区与沿海发达地区的差距也在扩大。在这种新形势下，抓紧扶贫开发，尽快解决贫困地区群众的温饱问题，改变经济、文化、社会的落后状态，缓解以至彻底消灭贫困，不仅关系到中西部地区经济的振兴、市场的开拓、资源的开发利用和整个国民经济的持续、快速、健康发展，而且也关系到社会安定、民族团结、共同富裕以及为全国深化改革创造条件，这是一项具有重大的、深远的经济意义和政治意义的伟大事业。因此，各级政府必须遵循邓小平同志建设有中国特色社会主义理论和党的基本路线，坚持效率优先、兼顾公平的原则，进一步加强扶贫开发工作。

二、奋斗目标

（四）到本世纪末解决贫困人口温饱的标准：

——绝大多数贫困户年人均纯收入达到500元以上（按1990年不变价格）。

——扶持贫困户创造稳定解决温饱的基础条件：

有条件的地方，人均建成半亩到一亩稳产高产的基本农田；

户均一亩林果园，或一亩经济作物；

户均向乡镇企业或发达地区转移一个劳动力；

户均一项养殖业，或其他家庭副业。

牧区户均一个围栏草场，或一个“草库仑”；

与此同时，巩固和发展现有的扶贫成果，减少返贫人口。

（五）加强基础设施建设。

——基本解决人畜饮水困难。

——绝大多数贫困乡镇和有集贸市场、商品产地的地方通公路。

——消灭无电县，绝大多数贫困乡用上电。

（六）改变教育文化卫生的落后状况。

——基本普及初等教育，积极扫除青壮年文盲。

——开展成人职业技术教育和技术培训，使大多数青壮年劳力掌握一到两门实用技术。

——改善医疗卫生条件，防治和减少地方病，预防残疾。

——严格实行计划生育，将人口自然增长率控制在国家规定的范围内。

三、方针与途径

（七）继续坚持开发式扶贫的方针：鼓励贫困地区广大干部、群众发扬自力更生、艰苦奋斗的精神，在国家的扶持下，以市场需求为导向，依靠科技进步，开发利用当地资源，发展商品生产，解决温饱进而脱贫致富。

（八）扶贫开发的基本途径：

——重点发展投资少、见效快、覆盖广、效益高、有助于直接解决群众温饱问题的种植业、养殖业和相关的加工业、运销业。

——积极发展能够充分发挥贫困地区资源优势、又能大量安排贫困户劳动力就业的资源开发型和劳动密集型的乡镇企业。

——通过土地有偿租用、转让使用权等方式，加快荒地、荒山、荒坡、荒滩、荒水的开发利用。

——有计划有组织地发展劳务输出，积极引导贫困地区劳动力合理、有序地转移。

——对极少数生存和发展条件特别困难的村庄和农户，实行开发式移民。

（九）扶贫开发的主要形式：

——依托资源优势，按照市场需求，开发有竞争力的名特稀优产品。实行统一规划，组织千家万户连片发展，专业化生产，逐步形成一定规模的商品生产基地或区域性的支柱产业。

——坚持兴办贸工农一体化、产加销一条龙的扶贫经济实体，承包开发项目，外联市场，内联农户，为农民提供产前、产中、产后的系列化服务，带动群众脱贫致富。

——引导尚不具备办企业条件的贫困乡村，自愿互利，带资带劳，到投资环境较好的城镇和工业小区进行异地开发试点，兴办二、三产业。

——扩大贫困地区与发达地区的干部交流和经济技术合作。

——在优先解决群众温饱问题的同时，帮助贫困县兴办骨干企业，改变县级财政的困难状况，增强自我发展能力。

——在发展公有制经济的同时，放手发展个体经济、私营经济和股份合作制经济。

——对贫困残疾人开展康复扶贫。

四、资金的管理使用

（十）为确保本计划的实施，国家现在用于扶贫的各项财政、信贷资金要继续安排到2000年。以工代赈资金和“三西”专项建设资金在规定期限内保持不变。适当延长开发周期长的项目的扶贫信贷资金使用期限。

（十一）国务院决定：从 1994 年起，再增加 10 亿元以工代赈资金，10 亿元扶贫贴息贷款，执行到 2000 年。今后随着财力的增长，国家还将继续增加扶贫资金投入。

各级地方政府也要根据各自的扶贫任务，逐年增加扶贫资金投入，确保本计划的实现。

（十二）原来由人民银行和专业银行办理的国家扶贫贷款，从 1994 年起全部划归中国农业发展银行统一办理。

（十三）调整国家扶贫资金投放的地区结构。从 1994 年起，将分一年到两年把中央用于广东、福建、浙江、江苏、山东、辽宁 6 个沿海经济比较发达省的扶贫信贷资金调整出来，集中用于中西部贫困状况严重的省、区。中央支援经济不发达地区发展资金原来用于上述 6 省的部分，留在当地继续使用，今后中央发展资金的增量不再向 6 省投放。中央过去投放 6 省的有偿使用扶贫资金，到期回收后，仍留地方周转使用。今后，上述 6 省的扶贫投入由自己负责，并要抓紧完成脱贫任务。

各有关省、区也要根据这个原则，对扶贫资金的投放作必要的调整。

（十四）中央的财政、信贷和以工代赈等扶贫资金要集中投放在国家重点扶持的贫困县，有关省、区政府和中央部门的资金要与其配套使用，并以贫困县中的贫困乡作为资金投放和项目覆盖的目标。其他非贫困县中的零星分散的贫困乡村和贫困农户，由地方政府安排资金扶持。

银行扶贫贷款要用于经济效益较好、能还贷的开发项目；财政扶贫资金主要用于社会效益较好的项目；新增的以工代赈主要用于修筑公路，以及解决人畜饮水困难。要重点修筑县乡之间的公路和通往商品产地、集贸市场以及为扶贫开发项目配套的道路。三者要

密切结合，提高资金使用的整体效益。

（十五）改革扶贫资金的使用管理方式，建立约束和激励机制。

——国务院扶贫开发领导小组根据本计划的要求和各有关省、区的贫困县数、贫困人口及贫困程度，讨论决定扶贫资金及以工代赈资金的分配方案，并通知各省、区政府。具体计划由有关部门分别下达。

——各省、区扶贫开发领导小组根据本省、区情况讨论决定各类扶贫资金以及以工代赈资金的分配方案。各省、区和贫困县扶贫办公室要建立项目库，并商有关部门共同规划、设计、论证、筛选扶贫开发项目，报扶贫开发领导小组批准进入项目库，然后由银行和资金管理部门评估、选定。县内项目由县扶贫开发领导小组批准进入项目库。跨县项目由省、区扶贫开发领导小组批准进入项目库。

各省、区每年要从支援经济不发达地区发展资金中拿出一部分，用于扶贫项目的前期准备。

——扶贫项目一般由相应的经济实体承包开发，承贷承还扶贫资金。跨省、区的示范性项目由全国性扶贫经济组织和有关省、区的经济实体联合开发。扶贫项目必须覆盖贫困户，把效益落实到贫困户。

——扶贫资金的投放要与使用效益和贷款的回收直接挂钩，建立综合的考核指标，实行严格的贷款使用责任制。各级扶贫开发办公室要加强项目管理和监督，保证顺利实施，并把协助银行和资金管理部门组织到期资金的回收作为一项重要的任务。要完成核定的催收贷款最高比例和到期贷款回收率的指标，否则扣减下年度的贷款规模。

——严格扶贫资金的审计制度。严禁挤占、挪用扶贫资金，违者必究。

——中央扶贫资金管理的具体办法，由财政、银行等资金管理部门根据本计划的要求，商国务院扶贫开发办分别制定，报国务院扶贫开发领导小组备案。各省、区、市的扶贫资金使用办法自行制定。

五、政策保障

（十六）信贷优惠政策

——对贫困户和扶贫经济实体使用扶贫信贷资金，要从实际出发，在保证有效益、能还贷的前提下，贷款条件可以适当放宽，要有一定灵活性。

——国有商业银行，每年要安排一定的信贷资金，在贫困地区有选择地扶持一些效益好、能还贷的项目。

——对广东、福建、浙江、江苏、山东、辽宁沿海6省的贫困县，以及各省、区刚摘掉贫困县帽子的县，要增加地方财政的商业信贷的投入，一般不低于原来国家对这些县的扶持规模。

（十七）财税优惠政策

——对国家确定的“老、少、边、穷”地区新办的企业，其所得税可在3年内予以征后返还或部分返还。

——各级政府要把扶贫资金列入财政预算，保证用于扶贫开发。

——为减轻贫困地区农民由于生产资料价格放开和粮食提价而增加的负担，各省、区、直辖市可使用地方粮食风险基金对吃返销粮的贫困户以适当补贴。

（十八）经济开发优惠政策

——中央和地方安排开发项目时，应向资源条件较好的贫困地区倾斜。中央和省、区在贫困地区兴办的大中型企业，要充分照顾贫困地区的利益，合理调整确定与当地的利益关系。

——国家制定和执行产业政策时，要考虑贫困地区的特殊性，

给予支持和照顾。

——对贫困地区的进出口贸易，要坚持同等优先的原则，列入计划，重点支持。

六、部门任务

（十九）政府各有关部门要根据本计划总的要求，分别制定本部门、本系统的八七扶贫攻坚实施方案，充分发挥各自优势，在资金、物资、技术上向贫困地区倾斜。

（二十）计划部门：要结合“九五”计划，制定有利于贫困地区经济和社会发展的宏观规划和产业政策；国家的资源开发型项目对贫困地区实行同等优先的原则；管好和用好以工代赈资金；做好涉及扶贫开发的宏观协调工作；组织和推动贫困地区与发达地区的经济合作。

（二十一）内贸和外贸部门：要积极帮助贫困地区建立商品生产基地，兴建商业设施，开拓市场，搞活流通，扩大包括边贸在内的对外贸易。

（二十二）农林水部门：

——农业部门要继续在贫困地区组织和实施“温饱工程”；推广“丰收计划”，发展高产优质高效农业；加强农业技术推广体系建设，农民技术培训、实用技术的推广；搞好农村能源建设；农业院校应在贫困地区定向招生，定向分配，培养一批稳定的农业技术骨干；采取有力措施，加快贫困地区乡镇企业发展。

——林业部门要支持贫困地区发展速生丰产用材林、名特优经济林以及各种林副产品，协同有关部门，形成以林果种植为主的区域性支柱产业；加快植被建设、防风治沙，降低森林消耗，改善生态环境。

——水利部门要配合以工代赈项目的实施，加快贫困地区的基本农田建设和小流域综合治理；兴修小型水利设施，采用多种形式解决人畜饮水困难；利用山区资源，发展小水电；认真解决库区移民和滩区、蓄滞洪区群众的贫困问题。

（二十三）科教部门：

——科技部门要制定科技扶贫战略规划，指导和推动扶贫工作转到依靠科学技术和提高农民素质的轨道上来。要增强实施“星火计划”的力度，动员各方面力量开展多种形式的科技开发和科技服务，认真抓好扶贫开发的科学研究和科技示范。

——教育部门要积极推进贫困地区农村的教育改革，继续组织好贫困县的“燎原计划”，普及初等教育，做好农村青壮年的扫盲工作，加强成人教育和职业教育。

（二十四）工交部门：

——交通部门要配合实施以工代赈计划，增加投入，加快贫困县、乡公路建设；在有水运条件的贫困地区，要积极发展水上运输。

——铁路部门要根据国家总体计划，尽可能兼顾贫困地区的铁路建设；要把贫困地区的货物运输优先纳入计划，支持其商品物资流通。

——电力部门要与有关部门和地方协作，尽早消灭无电县；调整地处贫困地区大型电站的留利政策，尽可能照顾当地尤其是水库移民的利益，帮助发展工农业生产。

——地矿、煤炭、冶金、建材等部门，要继续帮助贫困地区探明矿产资源，并在统一规划下帮助合理开发和利用。

——化工部门要帮助贫困地区改造小化肥厂，扩大化肥的就地供应量，支持有条件的地方发展其他化工产品。

——邮电部门要加快贫困县程控电话的改造进度，努力扩大贫困乡村通电话、通邮政的网络。

（二十五）劳动部门要为贫困地区的劳动力开拓外出就业门路，

做好就业服务和技术培训工作，努力扩大合理有序的劳务输出规模。

（二十六）民政部门要加强贫困地区的救灾和救济工作，建立和健全社会保障体系，为贫困人口中优抚、救济对象创造基本生活条件。

（二十七）民族工作部门要把解决少数民族贫困地区温饱问题并进一步脱贫致富作为工作重点，协调和配合有关部门做好少数民族贫困地区的科技扶贫、智力支边、普及教育和干部交流等项工作。

（二十八）文化卫生和计划生育部门：

——文化部门要为贫困地区安排一定的文化设施建设，坚持采取电影巡回放映队、文化流动车等灵活多样的形式改善群众文化生活。

——广播电影电视部门要为贫困地区建设电视差转台，扩大电视收视率和有线广播覆盖范围。

——卫生部门要建立和完善贫困地区三级医疗预防保健网；大中专医学院校要为贫困地区培养定向招生、定向分配的医务人员，稳定乡村医疗队伍，提高乡村医生服务水平；制定和落实控制地方病的措施。

——计划生育部门要特别加强贫困地区的计划生育工作，把实行计划生育与扶贫结合起来，积极开展人口与计划生育基础知识教育，提供必要的避孕药具，努力降低人口自然增长率。

（二十九）财政、金融、工商、海关等部门，要根据扶贫开发任务的要求，结合各自的职能，采取积极措施促进贫困地区的经济发展。

七、社会动员

（三十）中央和地方党政机关及有条件的企事业单位，都应积极与贫困县定点挂钩扶贫，一定几年不变，不脱贫不脱钩。

（三十一）各民主党派和工商联应继续发挥人才众多、技术密集、联系广泛的优势，进一步开展科技扶贫和智力开发，帮助贫困地区培训人才、推广技术、沟通信息、发展经济技术合作。

（三十二）各级工会、共青团、妇联、科协、残联要积极参与扶贫开发工作。

——工会系统要继续组织企业管理技术人员和能工巧匠到贫困地区传授技术，培训人才，攻克技术难点，救治亏损企业，开展经济协作。

——共青团组织要动员贫困地区青年带头学习技术，开拓脱贫致富门路；继续组织东西部地区青年相互交流、对口支援的工作；配合劳动部门组织劳务输出；扩大“希望工程”的范围和规模，提高贫困地区适龄儿童的入学率和巩固率。

——妇联组织要进一步动员贫困地区妇女积极参与“双学双比”竞争活动，兴办家庭副业，发展庭园经济；也要办一些劳动密集型和适合妇女特点的扶贫项目；组织妇女学习实用技术，提高脱贫致富的能力；配合教育部门扫除文盲；配合劳动部门组织妇女的劳务输出。

——各级科协要发挥网络优势，组织广大会员在贫困地区大力开展科普活动，帮助贫困地区引进人才，引进技术，提供信息，组织培训，推广实用技术。

——中国残疾人联合会要继续做好贫困残疾人的康复扶贫工作。

（三十三）充分发挥中国扶贫基金会和其他各类民间扶贫团体的作用。

（三十四）北京、天津、上海等大城市，广东、江苏、浙江、山东、辽宁、福建等沿海较为发达的省，都要对口帮助西部的一两个贫困省、区发展经济。动员大中型企业，利用其技术、人才、市场、信息、物资等方面的优势，通过经济合作、技术服务、吸收劳务、产品扩散、交流干部等多种途径，发展与贫困地区在互惠互利的基础上的合作。凡到贫困地区兴办开发性企业，当地扶贫资金可通过适当形式与之配套，联合开发。

（三十五）大专院校、科研单位要充分发挥人才和技术优势，与贫困地区直接挂钩，通过科技承包、技术推广、选派科技副县长、副乡长等形式，提高贫困地区科技发展水平。

（三十六）人民解放军和武警部队要继续发扬拥政爱民的光荣传统，帮助驻地群众解决温饱、脱贫致富。

八、国际合作

（三十七）积极开展同扶贫有关的国际组织、区域组织、政府和非政府组织的交流，让国际社会及海外华人了解我国贫困地区的经济发展状况和扶贫工作。要积极扩大和发展与国际社会在扶贫方面的合作，广泛地争取对实施八七扶贫攻坚计划的支持。

（三十八）努力改善贫困地区的投资环境，以资源优势和优惠政策吸引海外客商到贫困地区兴办开发型企业，促进贫困地区的经济发展。

九、组织与领导

（三十九）本计划由国务院扶贫开发领导小组统一组织中央各有关部门和各省、自治区、直辖市具体实施。领导小组的主要任务是：全面部署和督促检查计划的执行；抓好扶贫资金、物资的合理分配，集中使用，提高效益；组织调查研究、总结推广计划实施过程中的成功经验；制定促进本计划实施的政策和措施；协调解决计划实施中的问题。

（四十）坚持分级负责、以省为主的省长（自治区主席、市长）负责制。各省、自治区、直辖市特别是贫困面较大的省、区，要把扶贫开发列入重要日程，根据本计划的要求制定具体实施计划；省长（自治区主席、市长）要亲自抓，负总责，及时协调解决重要问题；要集中使用财力、物力，保证按期完成本计划规定的任务。

（四十一）所有的贫困县，要把扶贫开发、解决群众温饱作为中心任务，集中力量认真实施扶贫攻坚计划；省（区）、地（州）、市要挑选精明强干、吃苦耐劳、联系群众的干部，充实加强贫困县领导班子，并保持相对稳定；把计划的实施和解决群众温饱的成效作为衡量贫困县领导干部政绩和提拔重用的主要标准。同时，着力加强贫困乡、贫困村的基层组织建设，配备好带领群众脱贫致富的班子。

（四十二）贫困地区广大干部要一如既往地发扬自力更生、艰苦奋斗、与群众同甘共苦的精神。在完成解决群众温饱的攻坚任务之前，贫困县不准购买小轿车，不准兴建宾馆和高级招待所，不准新盖办公楼，不准县改市。

（四十三）充实和加强各级扶贫开发工作机构，提供必要的工作条件。机构的规格与编制要与本地的扶贫开发任务相适应。

附录三 中国农村扶贫开发纲要（2001—2010年）

二〇〇一年六月十三日

国发〔2001〕23号

序 言

（一）缓解和消除贫困，最终实现全国人民的共同富裕，是社会主义的本质要求，是中国共产党和人民政府义不容辞的历史责任。改革开放以来，特别是实施《国家八七扶贫攻坚计划》以来，我国农村贫困现象明显缓解，贫困人口大幅度减少。到2000年底，除了少数社会保障对象和生活在自然环境恶劣地区的特困人口，以及部分残疾人以外，全国农村贫困人口的温饱问题已经基本解决，《国家八七扶贫攻坚计划》确定的战略目标基本实现。扶贫开发实现了贫困地区广大农民群众千百年来吃饱穿暖的愿望，为促进我国经济的发展、民族的团结、边疆的巩固和社会的稳定发挥了重要作用。在短短20多年时间里，我们解决了2亿多贫困人口的温饱问题，这在中国历史上和世界范围内都是了不起的成就，充分体现了有中国特色社会主义制度的优越性。

（二）扶贫开发是建设有中国特色社会主义伟大事业的一项历史任务，基本解决农村贫困人口的温饱问题只是完成这项历史任务的一个阶段性胜利。我国目前正处于并将长期处于社会主义初级阶段，在较长时期内存在贫困地区、贫困人口和贫困现象是不可避免的。当前尚未解决温饱的贫困人口，虽然数量不多，但是解决的难度很大。初步解决温饱问题的群众，由于生产生活条件尚未得到根本改变，他们的温饱还不稳定，巩固温饱成果的任务仍很艰巨。基本解决温饱的贫困人口，其温饱的标准还很低，在这个基础上实现小康、进而过上比较宽裕的生活，需要一个较长期的奋斗过程。至于从根本上改变贫困地区社会经济的落后状况，缩小地区差距，更是一个长期的历史性任务。要充分认识扶贫开发的长期性、复杂性和艰巨性，继续把扶贫开发放在国民经济和社会发展的重要位置，为贫困地区脱贫致富做出不懈努力。

（三）党中央、国务院决定：从2001年到2010年，集中力量，加快贫困地区脱贫致富的进程，把我国扶贫开发事业推向一个新的阶段。这是贯彻邓小平同志共同富裕伟大构想和江泽民同志“三个代表”重要思想的一项战略决策，是全面建设小康社会、实现社会主义现代化建设第三步战略目标的一项重大举措。

一、奋斗目标

（四）我国2001—2010年扶贫开发总的奋斗目标是：尽快解决少数贫困人口温饱问题，进一步改善贫困地区的基本生产生活条件，巩固温饱成果，提高贫困人口的生活质量和综合素质，加强贫困乡村的基础设施建设，改善生态环境，逐步改变贫困地区经济、社会、文化的落后状况，为达到小康水平创造条件。

二、基本方针

（五）坚持开发式扶贫方针。以经济建设为中心，引导贫困地区群众在国家必要的帮助和扶持下，以市场为导向，调整经济结构，开发当地资源，发展商品生产，改善生产条件，走出一条符合实际的、有自己特色的发展道路。通过发展生产力，提高贫困农户自我积累、自我发展能力。这是贫困地区脱贫致富的根本出路，也是扶贫工作必须长期坚持的基本方针。

（六）坚持综合开发、全面发展。把扶贫开发纳入国民经济和社会发展计划，要加强水利、交通、电力、通讯等基础设施建设，重视科技、教育、卫生、文化事业的发展，改善社区环境，提高生活质量，促进贫困地区经济、社会的协调发展和全面进步。

（七）坚持可持续发展。扶贫开发必须与资源保护、生态建设相结合，与计划生育相结合，控制贫困地区人口的过快增长，实现资源、人口和环境的良性循环，提高贫困地区可持续发展的能力。

（八）坚持自力更生、艰苦奋斗。充分发挥贫困地区广大干部群众的积极性、创造性，自强不息，不等不靠，苦干实干，主要依靠自身的力量改变贫穷落后面貌。

（九）坚持政府主导、全社会共同参与。各级党委和政府要适应发展社会主义市场经济的要求，加强对扶贫开发工作的领导，不断加大工作和投入力度。同时，要发挥社会主义的政治优势，积极动员和组织社会各界，通过多种形式，支持贫困地区的开发建设。

三、对象与重点

（十）扶贫开发的对象。要把贫困地区尚未解决温饱问题的贫困人口作为扶贫开发的首要对象；同时，继续帮助初步解决温饱问题的贫困人口增加收入，进一步改善生产生活条件，巩固扶贫成果。

（十一）扶贫开发的重点。按照集中连片的原则，国家把贫困人口集中的中西部少数民族地区、革命老区、边疆地区和特困地区作为扶贫开发的重点，并在上述四类地区确定扶贫开发工作重点县。东部以及中西部其他地区的贫困乡、村，主要由地方政府负责扶持。要重视做好残疾人扶贫工作，把残疾人扶贫纳入扶持范围，统一组织，同步实施。

（十二）制定规划，落实任务。各有关省、自治区、直辖市要分别制定本地区的扶贫开发规划。规划要以县为基本单元、以贫困乡村为基础，明确奋斗目标、建设内容、实施措施、帮扶单位和资金来源。制定规划要实事求是、综合设计、因地制宜、分类指导，要统一评估，统一论证，一次批准，分年实施，分期投入，分期分批地解决问题。

四、内容和途径

（十三）继续把发展种养业作为扶贫开发的重点。因地制宜发展种养业，是贫困地区增加收入、脱贫致富最有效、最可靠的途径。要集中力量帮助贫困群众发展有特色、有市场的种养业项目。贫困地区发展种养业，要以增加贫困人口的收入为中心，依靠科技进步，着力优化品种、提高质量、增加效益；要以有利于改善生态环境为原则，加强生态环境的保护和建设，实现可持续发展。帮助贫困户发展种养业，一定要按照市场需求，选准产品和项目，搞好信息、技术、销售服务，确保增产增收。要尊重农民的生产经营自主权，注重示范引导，防止强迫命令。

（十四）积极推进农业产业化经营。对具有资源优势和市场需求的农产品生产，要按照产业化发展方向，连片规划建设，形成有特色的区域性主导产业。积极发展“公司加农户”和订单农业。引导和鼓励具有市场开拓能力的大中型农产品加工企业，到贫困地区建立原料生产基地，为贫困农户提供产前、产中、产后系列化服务，形成贸工农一体化、产供销一条龙的产业化经营。加强贫困地区农产品批发市场建设，进一步搞活流通，逐步形成规模化、专业化的生产格局。

（十五）进一步改善贫困地区的基本生产生活条件。以贫困乡、村为单位，加强基本农田、基础设施、环境改造和公共服务设施建设。2010 年前，基本解决贫困地区人畜饮水困难，力争做到绝大多数行政村通电、通路、通邮、通电话、通广播电视。做到大多数贫困乡有卫生院、贫困村有卫生室，基本控制贫困地区的主要地方病。确保在贫困地区实现九年义务教育，进一步提高适龄儿童入学率。

（十六）加大科技扶贫力度。在扶贫开发过程中，必须把科学技术的推广和应用作为一项重要内容，不断提高科技扶贫水平。无论是种植业、养殖业、加工业，都必须有先进实用的科学技术作为支持和保证。要充分利用科技资源和科技进步的成果，调动广大科技人员的积极性，鼓励他们到贫困地区创业，加速科技成果转化。要采取更积极的措施鼓励民间科研机构、各类农村合作组织和各类科研组织直接参加项目，在扶贫开发中发挥更重要的作用，并在科学技术推广工作中提高自身的水平，拓展更广阔的发展空间。各有关省、自治区、直辖市政府要安排资金，建立科技扶贫示范基地，注重示范效应，充分发挥科技在扶贫开发中的带动作用。

（十七）努力提高贫困地区群众的科技文化素质。提高群众的综合素质特别是科技文化素质，是增加贫困人口经济收入的重要措施，也是促进贫困地区脱贫致富的根本途径，必须把农民科技文化素质培训作为扶贫开发的重要工作。切实加强基础教育，普遍提高贫困人口受教育的程度。实行农科教结合，普通教育、职业教育、成人教育统筹，有针对性地通过各类职业技术学校和各种不同类型的短期培训，增强农民掌握先进实用技术的能力。反对封建迷信，引导群众自觉移风易俗，革除落后生活习俗，不断发展社会主义精神文明。

（十八）积极稳妥地扩大贫困地区劳务输出。加强贫困地区劳动力的职业技能培训，组织和引导劳动力健康有序流动。沿海发达地区和大中城市要按照同等优先的原则，积极吸纳贫困地区劳动力在本地区就业。贫困地区和发达地区可以就劳务输出结成对子，开展劳务协作。输入地和输出地双方政府都有责任保障输出劳动力的合法权益，关心他们的工作、生活，帮助解决实际困难和问题。

（十九）稳步推进自愿移民搬迁。对目前极少数居住在生存条件恶劣、自然资源贫乏地区的特困人口，要结合退耕还林还草实行搬迁扶贫。要在搞好试点的基础上，制定具体规划，有计划、有组织、分阶段地进行；要坚持自愿原则，充分尊重农民意愿，不搞强迫命令；要因地制宜、量力而行、注重实效，采取多种形式，不搞一刀切；要十分细致地做好搬迁后的各项工作，确保搬得出来、稳得下来、富得起来。经济发达的省市要从全局出发，适当增加吸纳和安置来自贫困地区的迁移人口，并作为对口帮扶的一项重要措施来抓。地方各级政府要制定鼓励移民搬迁的优惠政策，处理好迁入人口和本地人口的关系，尽快提高迁入人口的收入水平和生活质量。县内的移民搬迁由县政府组织，跨县的由省级政府统一组织。要做好迁出地的计划生育和退耕还林还草工作，确保生态环境有明显改善。

（二十）鼓励多种所有制经济组织参与扶贫开发。地方各级政府要创造良好的政策环境和投资条件，吸引多种所有制经济组织参与贫困地区的经济开发。对于适应市场需要，能够提高产业层次、带动千家万户增加收入的农产品加工企业，能够发挥贫困地区资源优势并改善生态环境的资源开发型企业，能够安排贫困地区剩余劳动力就业的劳动密集型企业，能够帮助贫困群众解决买难、卖难问题的市场流通企业，国家给予必要的政策扶持。

五、政策保障

（二十一）进一步增加财政扶贫资金。中央财政和省级财政都必须把扶贫开发投入列入年度财政预算，并逐年有所增加。要进一步扩大以工代赈规模。要针对目前贫困地区财政困难的实际情况，加大财政转移支付的力度。

（二十二）加强财政扶贫资金的管理，努力提高使用效益。中央财政扶贫资金主要用于扶贫开发工作重点县，适当支持其他贫困地区。财政扶贫资金（含以工代赈），实行专户管理。资金分配计划每年下达到有关省、自治区、直辖市，由地方根据扶贫开发规划统筹安排使用。中央和地方各级政府投入的财政扶贫资金，必须按照扶贫开发规划下达，落实到贫困乡、村，重点用于改变基本生产生活条件和基础设施建设。

（二十三）继续安排并增加扶贫贷款。中国农业银行要逐年增加扶贫贷款总量，主要用于重点贫困地区，支持能够带动贫困人口增加收入的种养业、劳动密集型企业、农产品加工企业、市场流通企业以及基础设施建设项目。对各类企业到贫困地区兴办的有助于带动贫困户增加收入的项目，应视项目效益给予积极支持。在保障资金安全的前提下，适当放宽贫困地区扶贫贷款项目的条件，根据产业特点和项目具体情况，适当延长贷款期限。积极稳妥地推广扶贫到户的小额信贷，支持贫困农户发展生产。扶贫贷款执行统一优惠利率。优惠利率与基准利率之间的差额由中央财政据实补贴。

（二十四）密切结合西部大开发，促进贫困地区发展。实施西部大开发要注意与扶贫开发相结合，着力带动贫困地区经济的发展。西部大开发安排的水利、退耕还林、资源开发项目，在同等条件下要优先在贫困地区布局。公路建设项目要适当向贫困地区延伸，把贫困地区的县城与国道、省道干线连接起来。西部基础设施建设项目，要尽量使用贫困地区的劳动力，增加贫困人口的现金收入。

（二十五）继续开展党政机关定点扶贫工作。党政机关定点联系、帮助贫困地区，对支持贫困地区的开发建设，解决我国的贫困问题，以及转变机关作风，提高办事效率，密切党群关系，培养锻炼干部都有重要意义。要把这种做法作为一项制度，长期坚持下去。从中央到地方的各级党政机关及企事业单位，都要继续坚持定点联系、帮助贫困地区或贫困乡村。有条件有能力的，要结合干部的培养和锻炼继续选派干部蹲点扶贫，直接帮扶到乡、到村，努力为贫困地区办好事、办实事。

（二十六）继续做好沿海发达地区对口帮扶西部贫困地区的东西扶贫协作工作。要认真总结经验，根据扶贫开发规划，进一步扩大协作规模，提高工作水平，增强帮扶力度。对口帮扶双方的政府要积极倡导和组织学校结对帮扶工作；鼓励和引导各种层次、不同形式的民间交流与合作。特别是要注意在互利互惠的基础上，推进企业间的相互合作和共同发展。

（二十七）进一步弘扬中华民族扶贫济困的优良传统，动员社会各界帮助贫困地区的开发建设。要充分发挥民主党派和工商联、群众团体、大专院校、科研院所、人民解放军和武警部队等社会各界在扶贫开发中的重要作用。要积极创造条件，引导非政府组织参与和执行政府扶贫开发项目。企业可以通过捐赠资金，与非政府组织合作，共同参与扶贫开发。捐赠资金可以按照国家有关规定在税前列支，计入成本。逐步规范非政府组织开展的扶贫开发活动。欢迎海外、境外的华人、华侨及各种社团组织，通过不同形式，支持贫困地区的开发建设。

（二十八）发展扶贫开发领域的国际交流与合作。继续争取国际组织和发达国家援助性扶贫项目。为保证其顺利执行，国家适当增加配套资金比例，对地方财政确有困难的可以全额配套。要根据贫困地区的特点，采取有针对性的措施，加强对外援项目的管理；努力提高外援贷款项目的经济效益，增强还贷能力。通过多种渠道、不同方式争取国际非政府组织对我国扶贫开发的帮助和支持。加强与国际组织在扶贫开发领域里的交流，借鉴国际社会在扶贫开发方面创造的成功经验和行之有效的方式、方法，进一步提高我国扶贫开发的工作水平和整体效益。

六、组织领导

（二十九）切实落实扶贫工作责任制。坚持省负总责，县抓落实，工作到村，扶贫到户。扶贫开发工作责任在省，关键在县。要继续实行扶贫开发工作责任到省、任务到省、资金到省、权力到省的原则。各有关省、自治区、直辖市的党委和政府都要按照“三个代表”的要求，以高度的责任感和使命感，切实做好扶贫开发工作。扶贫开发工作重点县，必须把扶贫开发作为党委和政府的中心任务，以扶贫开发工作统揽全局，负责把扶贫开发的政策措施真正落实到贫困村、贫困户。要继续实行扶贫工作党政“一把手”负责制，把扶贫开发的效果作为考核这些地方党政主要负责人政绩的重要依据。沿海发达省市的各级党委和政府，也要高度重视扶贫开发工作，积极采取有效措施，帮助当地农村贫困人口增加收入，改善生活。

（三十）加强贫困地区干部队伍建设。要切实搞好干部的教育培训工作，提高贫困地区干部组织领导扶贫开发工作的水平。采取挂职锻炼、干部交流等方式，加强贫困地区的干部队伍建设。贫困地区县级领导干部和县以上扶贫部门干部的培训要纳入各级党政干部培训规划，由组织、扶贫和财政等有关部门共同组织实施。

（三十一）切实加强贫困地区的基层组织建设。要扎实开展农村“三个代表”重要思想的学习教育活动，按照“五个好”的要求，以贫困村为重点，加强以党支部为核心的基层组织建设，充分发挥基层党组织的战斗堡垒作用。贫困地区的广大基层干部，要坚持党的宗旨，艰苦奋斗，廉洁奉公，改进思想作风和工作作风，不断提高带领群众脱贫致富的能力。加强民主法制建设，加强社会治安综合治理，确保贫困地区社会稳定。

（三十二）加强扶贫资金审计。国家审计部门要定期对扶贫资金进行全面严格的审计，防止和杜绝挤占、挪用、贪污，并形成制度，长期坚持。对审计中发现的问题，必须依法严肃处理。

（三十三）加强扶贫开发统计监测工作。为及时了解和全面掌握扶贫开发的发展动态，发现和研究新问题，统计部门要认真做好有关信息的采集、整理、反馈和发布。要制定科学规范、符合实际的监测方案，采用多种方法，全面、系统、动态地反映贫困人口收入水平和生活质量的变化，以及贫困地区的经济发展和社会进步情况，为科学决策提供必要的依据。

（三十四）稳定和加强扶贫开发工作机构。鉴于扶贫开发的长期性、艰巨性、复杂性以及对外交流的需要，要充实和加强各级扶贫开发的工作机构，稳定人员，改善条件，提高素质，增强扶贫开发的组织领导和协调管理能力。

（三十五）国务院有关部门要根据中央的统一要求，把扶贫开发作为本部门的重要工作，结合各自的职责范围，认真贯彻落实本纲要。各相关省、自治区、直辖市人民政府要根据纲要提出的目标和总体要求，把扶贫开发工作纳入本地区国民经济和社会发展计划，统一部署，统筹安排，把具体措施落实到贫困乡村。

（三十六）本纲要由国家扶贫开发工作机构负责具体组织实施。

附录四 中共中央、国务院关于打赢脱贫攻坚战的决定

（二〇一五年十一月二十九日）

中发〔2015〕34号

确保到2020年农村贫困人口实现脱贫，是全面建成小康社会最艰巨的任务。现就打赢脱贫攻坚战作出如下决定。

一、增强打赢脱贫攻坚战的使命感紧迫感

消除贫困、改善民生、逐步实现共同富裕，是社会主义的本质要求，是我们党的重要使命。改革开放以来，我们实施大规模扶贫开发，使7亿农村贫困人口摆脱贫困，取得了举世瞩目的伟大成就，谱写了人类反贫困历史上的辉煌篇章。党的十八大以来，我们把扶贫开发工作纳入“四个全面”战略布局，作为实现第一个百年奋斗目标的重点工作，摆在更加突出的位置，大力实施精准扶贫，不断丰富和拓展中国特色扶贫开发道路，不断开创扶贫开发事业新局面。

我国扶贫开发已进入啃硬骨头、攻坚拔寨的冲刺期。中西部一些省（自治区、直辖市）贫困人口规模依然较大，剩下的贫困人口贫困程度较深，减贫成本更高，脱贫难度更大。实现到2020年让7000多万农村贫困人口摆脱贫困的既定目标，时间十分紧迫、任务相当繁重。必须在现有基础上不断创新扶贫开发思路和办法，坚

决打赢这场攻坚战。

扶贫开发事关全面建成小康社会，事关人民福祉，事关巩固党的执政基础，事关国家长治久安，事关我国国际形象。打赢脱贫攻坚战，是促进全体人民共享改革发展成果、实现共同富裕的重大举措，是体现中国特色社会主义制度优越性的重要标志，也是经济发展新常态下扩大国内需求、促进经济增长的重要途径。各级党委和政府必须把扶贫开发工作作为重大政治任务来抓，切实增强责任感、使命感和紧迫感，切实解决好思想认识不到位、体制机制不健全、工作措施不落实等突出问题，不辱使命、勇于担当，只争朝夕、真抓实干，加快补齐全面建成小康社会中的这块突出短板，决不让一个地区、一个民族掉队，实现《中共中央关于制定国民经济和社会发展第十三个五年规划的建议》确定的脱贫攻坚目标。

二、打赢脱贫攻坚战的总体要求

（一）指导思想

全面贯彻落实党的十八大和十八届二中、三中、四中、五中全会精神，以邓小平理论、“三个代表”重要思想、科学发展观为指导，深入贯彻习近平总书记系列重要讲话精神，围绕“四个全面”战略布局，牢固树立并切实贯彻创新、协调、绿色、开放、共享的发展理念，充分发挥政治优势和制度优势，把精准扶贫、精准脱贫作为基本方略，坚持扶贫开发与经济社会发展相互促进，坚持精准帮扶与集中连片特殊困难地区开发紧密结合，坚持扶贫开发与生态保护并重，坚持扶贫开发与社会保障有效衔接，咬定青山不放松，采取超常规举措，拿出过硬办法，举全党全社会之力，坚决打赢脱贫攻坚战。

（二）总体目标

到 2020 年，稳定实现农村贫困人口不愁吃、不愁穿，义务教

育、基本医疗和住房安全有保障。实现贫困地区农民人均可支配收入增长幅度高于全国平均水平，基本公共服务主要领域指标接近全国平均水平。确保我国现行标准下农村贫困人口实现脱贫，贫困县全部摘帽，解决区域性整体贫困。

（三）基本原则

——坚持党的领导，夯实组织基础。充分发挥各级党委总揽全局、协调各方的领导核心作用，严格执行脱贫攻坚一把手负责制，省市县乡村五级书记一起抓。切实加强贫困地区农村基层党组织建设，使其成为带领群众脱贫致富的坚强战斗堡垒。

——坚持政府主导，增强社会合力。强化政府责任，引领市场、社会协同发力，鼓励先富帮后富，构建专项扶贫、行业扶贫、社会扶贫互为补充的大扶贫格局。

——坚持精准扶贫，提高扶贫成效。扶贫开发贵在精准，重在精准，必须解决好扶持谁、谁来扶、怎么扶的问题，做到扶真贫、真扶贫、真脱贫，切实提高扶贫成果可持续性，让贫困人口有更多的获得感。

——坚持保护生态，实现绿色发展。牢固树立绿水青山就是金山银山的理念，把生态保护放在优先位置，扶贫开发不能以牺牲生态为代价，探索生态脱贫新路子，让贫困人口从生态建设与修复中得到更多实惠。

——坚持群众主体，激发内生动力。继续推进开发式扶贫，处理好国家、社会帮扶和自身努力的关系，发扬自力更生、艰苦奋斗、勤劳致富精神，充分调动贫困地区干部群众积极性和创造性，注重扶贫先扶智，增强贫困人口自我发展能力。

——坚持因地制宜，创新体制机制。突出问题导向，创新扶贫开发路径，由“大水漫灌”向“精准滴灌”转变；创新扶贫资源使用方式，由多头分散向统筹集中转变；创新扶贫开发模式，由偏重“输血”向注重“造血”转变；创新扶贫考评体系，由侧重考核地

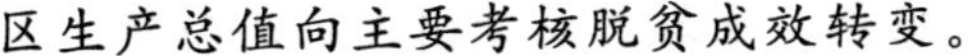

区生产总值向主要考核脱贫成效转变。

三、实施精准扶贫方略，加快贫困人口精准脱贫

（四）健全精准扶贫工作机制。抓好精准识别、建档立卡这个关键环节，为打赢脱贫攻坚战打好基础，为推进城乡发展一体化、逐步实现基本公共服务均等化创造条件。按照扶持对象精准、项目安排精准、资金使用精准、措施到户精准、因村派人精准、脱贫成效精准的要求，使建档立卡贫困人口中有5000万人左右通过产业扶持、转移就业、易地搬迁、教育支持、医疗救助等措施实现脱贫，其余完全或部分丧失劳动能力的贫困人口实行社保政策兜底脱贫。对建档立卡贫困村、贫困户和贫困人口定期进行全面核查，建立精准扶贫台账，实行有进有出的动态管理。根据致贫原因和脱贫需求，对贫困人口实行分类扶持。建立贫困户脱贫认定机制，对已经脱贫的农户，在一定时期内让其继续享受扶贫相关政策，避免出现边脱贫、边返贫现象，切实做到应进则进、应扶则扶。抓紧制定严格、规范、透明的国家扶贫开发工作重点县退出标准、程序、核查办法。重点县退出，由县提出申请，市（地）初审，省级审定，报国务院扶贫开发领导小组备案。重点县退出后，在攻坚期内国家原有扶贫政策保持不变，抓紧制定攻坚期后国家帮扶政策。加强对扶贫工作绩效的社会监督，开展贫困地区群众扶贫满意度调查，建立对扶贫政策落实情况和扶贫成效的第三方评估机制。评价精准扶贫成效，既要看减贫数量，更要看脱贫质量，不提不切实际的指标，对弄虚作假搞“数字脱贫”的，要严肃追究责任。

（五）发展特色产业脱贫。制定贫困地区特色产业发展规划。出台专项政策，统筹使用涉农资金，重点支持贫困村、贫困户因地制宜发展种养业和传统手工业等。实施贫困村“一村一品”产业推进行动，扶持建设一批贫困人口参与度高的特色农业基地。加强贫

困地区农民合作社和龙头企业培育，发挥其对贫困人口的组织和带动作用，强化其与贫困户的利益联结机制。支持贫困地区发展农产品加工业，加快一二三产业融合发展，让贫困户更多分享农业全产业链和价值链增值收益。加大对贫困地区农产品品牌推介营销支持力度。依托贫困地区特有的自然人文资源，深入实施乡村旅游扶贫工程。科学合理有序开发贫困地区水电、煤炭、油气等资源，调整完善资源开发收益分配政策。探索水电利益共享机制，将从发电中提取的资金优先用于水库移民和库区后续发展。引导中央企业、民营企业分别设立贫困地区产业投资基金，采取市场化运作方式，主要用于吸引企业到贫困地区从事资源开发、产业园区建设、新型城镇化发展等。

（六）引导劳务输出脱贫。加大劳务输出培训投入，统筹使用各类培训资源，以就业为导向，提高培训的针对性和有效性。加大职业技能提升计划和贫困户教育培训工程实施力度，引导企业扶贫与职业教育相结合，鼓励职业院校和技工学校招收贫困家庭子女，确保贫困家庭劳动力至少掌握一门致富技能，实现靠技能脱贫。进一步加大就业专项资金向贫困地区转移支付力度。支持贫困地区建设县乡基层劳动就业和社会保障服务平台，引导和支持用人企业在贫困地区建立劳务培训基地，开展好订单定向培训，建立和完善输出地与输入地劳务对接机制。鼓励地方对跨省务工的农村贫困人口给予交通补助。大力支持家政服务、物流配送、养老服务等产业发展，拓展贫困地区劳动力外出就业空间。加大对贫困地区农民工返乡创业政策扶持力度。对在城镇工作生活一年以上的农村贫困人口，输入地政府要承担相应的帮扶责任，并优先提供基本公共服务，促进有能力在城镇稳定就业和生活的农村贫困人口有序实现市民化。

（七）实施易地搬迁脱贫。对居住在生存条件恶劣、生态环境脆弱、自然灾害频发等地区的农村贫困人口，加快实施易地扶贫搬迁工程。坚持群众自愿、积极稳妥的原则，因地制宜选择搬迁安置方式，合理确定住房建设标准，完善搬迁后续扶持政策，确保搬迁对象有业可就、稳定脱贫，做到搬得出、稳得住、能致富。要紧密结合推进新型城镇化，编制实施易地扶贫搬迁规划，支持有条件的地方依托小城镇、工业园区安置搬迁群众，帮助其尽快实现转移就业，享有与当地群众同等的基本公共服务。加大中央预算内投资和地方各级政府投入力度，创新投融资机制，拓宽资金来源渠道，提高补助标准。积极整合交通建设、农田水利、土地整治、地质灾害防治、林业生态等支农资金和社会资金，支持安置区配套公共设施建设和迁出区生态修复。利用城乡建设用地增减挂钩政策支持易地扶贫搬迁。为符合条件的搬迁户提供建房、生产、创业贴息贷款支持。支持搬迁安置点发展物业经济，增加搬迁户财产性收入。探索利用农民进城落户后自愿有偿退出的农村空置房屋和土地安置易地搬迁农户。

（八）结合生态保护脱贫。国家实施的退耕还林还草、天然林保护、防护林建设、石漠化治理、防沙治沙、湿地保护与恢复、坡耕地综合整治、退牧还草、水生态治理等重大生态工程，在项目和资金安排上进一步向贫困地区倾斜，提高贫困人口参与度和受益水平。加大贫困地区生态保护修复力度，增加重点生态功能区转移支付。结合建立国家公园体制，创新生态资金使用方式，利用生态补偿和生态保护工程资金使当地有劳动能力的部分贫困人口转为护林员等生态保护人员。合理调整贫困地区基本农田保有指标，加大贫困地区新一轮退耕还林还草力度。开展贫困地区生态综合补偿试点，健全公益林补偿标准动态调整机制，完善草原生态保护补助奖励政策，推动地区间建立横向生态补偿制度。

（九）着力加强教育脱贫。加快实施教育扶贫工程，让贫困家庭子女都能接受公平有质量的教育，阻断贫困代际传递。国家教育经费向贫困地区、基础教育倾斜。健全学前教育资助制度，帮助农村贫困家庭幼儿接受学前教育。稳步推进贫困地区农村义务教育阶段学生营养改善计划。加大对乡村教师队伍建设的支持力度，特岗计划、国培计划向贫困地区基层倾斜，为贫困地区乡村学校定向培养留得下、稳得住的一专多能教师，制定符合基层实际的教师招聘引进办法，建立省级统筹乡村教师补充机制，推动城乡教师合理流动和对口支援。全面落实连片特困地区乡村教师生活补助政策，建立乡村教师荣誉制度。合理布局贫困地区农村中小学校，改善基本办学条件，加快标准化建设，加强寄宿制学校建设，提高义务教育巩固率。普及高中阶段教育，率先从建档立卡的家庭经济困难学生实施普通高中免除学杂费、中等职业教育免除学杂费，让未升入普通高中的初中毕业生都能接受中等职业教育。加强有专业特色并适应市场需求的中等职业学校建设，提高中等职业教育国家助学金资助标准。努力办好贫困地区特殊教育和远程教育。建立保障农村和贫困地区学生上重点高校的长效机制，加大对贫困家庭大学生的救助力度。对贫困家庭离校未就业的高校毕业生提供就业支持。实施教育扶贫结对帮扶行动计划。

（十）开展医疗保险和医疗救助脱贫。实施健康扶贫工程，保障贫困人口享有基本医疗卫生服务，努力防止因病致贫、因病返贫。对贫困人口参加新型农村合作医疗个人缴费部分由财政给予补贴。新型农村合作医疗和大病保险制度对贫困人口实行政策倾斜，门诊统筹率先覆盖所有贫困地区，降低贫困人口大病费用实际支出，对新型农村合作医疗和大病保险支付后自负费用仍有困难的，加大医疗救助、临时救助、慈善救助等帮扶力度，将贫困人口全部纳入重特大疾病救助范围，使贫困人口大病医治得到有效保障。加大农村贫困残疾人康复服务和医疗救助力度，扩大纳入基本医疗保险范围的残疾人医疗康复项目。建立贫困人口健康卡。对贫困人口大病实行分类救治和先诊疗后付费的结算机制。建立全国三级医院（含军队和武警部队医院）与连片特困地区县和国家扶贫开发工作重点县县级医院稳定持续的一对一帮扶关系。完成贫困地区县乡村三级医疗卫生服务网络标准化建设，积极促进远程医疗诊治和保健咨询服务向贫困地区延伸。为贫困地区县乡医疗卫生机构订单定向免费培养医学类本专科学生，支持贫困地区实施全科医生和专科医生特设岗位计划，制定符合基层实际的人才招聘引进办法。支持和引导符合条件的贫困地区乡村医生按规定参加城镇职工基本养老保险。采取针对性措施，加强贫困地区传染病、地方病、慢性病等防治工作。全面实施贫困地区儿童营养改善、新生儿疾病免费筛查、妇女“两癌”免费筛查、孕前优生健康免费检查等重大公共卫生项目。加强贫困地区计划生育服务管理工作。

（十一）实行农村最低生活保障制度兜底脱贫。完善农村最低生活保障制度，对无法依靠产业扶持和就业帮助脱贫的家庭实行政策性保障兜底。加大农村低保省级统筹力度，低保标准较低的地区要逐步达到国家扶贫标准。尽快制定农村最低生活保障制度与扶贫开发政策有效衔接的实施方案。进一步加强农村低保申请家庭经济状况核查工作，将所有符合条件的贫困家庭纳入低保范围，做到应保尽保。加大临时救助制度在贫困地区落实力度。提高农村特困人员供养水平，改善供养条件。抓紧建立农村低保和扶贫开发的数据互通、资源共享信息平台，实现动态监测管理、工作机制有效衔接。加快完善城乡居民基本养老保险制度，适时提高基础养老金标准，引导农村贫困人口积极参保续保，逐步提高保障水平。有条件、有需求地区可以实施“以粮济贫”。

（十二）探索资产收益扶贫。在不改变用途的情况下，财政专项扶贫资金和其他涉农资金投入设施农业、养殖、光伏、水电、乡村旅游等项目形成的资产，具备条件的可折股量化给贫困村和贫困户，尤其是丧失劳动能力的贫困户。资产可由村集体、合作社或其他经营主体统一经营。要强化监督管理，明确资产运营方对财政资金形成资产的保值增值责任，建立健全收益分配机制，确保资产收益及时回馈持股贫困户。支持农民合作社和其他经营主体通过土地托管、牲畜托养和吸收农民土地经营权入股等方式，带动贫困户增收。贫困地区水电、矿产等资源开发，赋予土地被占用的村集体股权，让贫困人口分享资源开发收益。

（十三）健全留守儿童、留守妇女、留守老人和残疾人关爱服务体系。对农村“三留守”人员和残疾人进行全面摸底排查，建立详实完备、动态更新的信息管理系统。加强儿童福利院、救助保护机构、特困人员供养机构、残疾人康复托养机构、社区儿童之家等服务设施和队伍建设，不断提高管理服务水平。建立家庭、学校、基层组织、政府和社会力量相衔接的留守儿童关爱服务网络。加强对未成年人的监护。健全孤儿、事实无人抚养儿童、低收入家庭重病重残等困境儿童的福利保障体系。健全发现报告、应急处置、帮扶干预机制，帮助特殊贫困家庭解决实际困难。加大贫困残疾人康复工程、特殊教育、技能培训、托养服务实施力度。针对残疾人的特殊困难，全面建立困难残疾人生活补贴和重度残疾人护理补贴制度。对低保家庭中的老年人、未成年人、重度残疾人等重点救助对象，提高救助水平，确保基本生活。引导和鼓励社会力量参与特殊群体关爱服务工作。

四、加强贫困地区基础设施建设，加快破除发展瓶颈制约

（十四）加快交通、水利、电力建设。推动国家铁路网、国家高速公路网连接贫困地区的重大交通项目建设，提高国道省道技术标准，构建贫困地区外通内联的交通运输通道。大幅度增加中央投资投入中西部地区和贫困地区的铁路、公路建设，继续实施车购税对农村公路建设的专项转移政策，提高贫困地区农村公路建设补助标准，加快完成具备条件的乡镇和建制村通硬化路的建设任务，加强农村公路安全防护和危桥改造，推动一定人口规模的自然村通公

路。加强贫困地区重大水利工程、病险水库水闸除险加固、灌区续建配套与节水改造等水利项目建设。实施农村饮水安全巩固提升工程，全面解决贫困人口饮水安全问题。小型农田水利、“五小水利”工程等建设向贫困村倾斜。对贫困地区农村公益性基础设施管理养护给予支持。加大对贫困地区抗旱水源建设、中小河流治理、水土流失综合治理力度。加强山洪和地质灾害防治体系建设。大力扶持贫困地区农村水电开发。加强贫困地区农村气象为农服务体系和灾害防御体系建设。加快推进贫困地区农网改造升级，全面提升农网供电能力和供电质量，制定贫困村通动力电规划，提升贫困地区电力普遍服务水平。增加贫困地区年度发电指标。提高贫困地区水电工程留存电量比例。加快推进光伏扶贫工程，支持光伏发电设施接入电网运行，发展光伏农业。

（十五）加大“互联网＋”扶贫力度。完善电信普遍服务补偿机制，加快推进宽带网络覆盖贫困村。实施电商扶贫工程。加快贫困地区物流配送体系建设，支持邮政、供销合作等系统在贫困乡村建立服务网点。支持电商企业拓展农村业务，加强贫困地区农产品网上销售平台建设。加强贫困地区农村电商人才培训。对贫困家庭开设网店给予网络资费补助、小额信贷等支持。开展互联网为农便民服务，提升贫困地区农村互联网金融服务水平，扩大信息进村入户覆盖面。

（十六）加快农村危房改造和人居环境整治。加快推进贫困地区农村危房改造，统筹开展农房抗震改造，把建档立卡贫困户放在优先位置，提高补助标准，探索采用贷款贴息、建设集体公租房等多种方式，切实保障贫困户基本住房安全。加大贫困村生活垃圾处理、污水治理、改厕和村庄绿化美化力度。加大贫困地区传统村落保护力度。继续推进贫困地区农村环境连片整治。加大贫困地区以工代赈投入力度，支持农村山水田林路建设和小流域综合治理。财政支持的微小型建设项目，涉及贫困村的，允许按照一事一议方式

直接委托村级组织自建自管。以整村推进为平台，加快改善贫困村生产生活条件，扎实推进美丽宜居乡村建设。

（十七）重点支持革命老区、民族地区、边疆地区、连片特困地区脱贫攻坚。出台加大脱贫攻坚力度支持革命老区开发建设指导意见，加快实施重点贫困革命老区振兴发展规划，扩大革命老区财政转移支付规模。加快推进民族地区重大基础设施项目和民生工程建设，实施少数民族特困地区和特困群体综合扶贫工程，出台人口较少民族整体脱贫的特殊政策措施。改善边疆民族地区义务教育阶段基本办学条件，建立健全双语教学体系，加大教育对口支援力度，积极发展符合民族地区实际的职业教育，加强民族地区师资培训。加强少数民族特色村镇保护与发展。大力推进兴边富民行动，加大边境地区转移支付力度，完善边民补贴机制，充分考虑边境地区特殊需要，集中改善边民生产生活条件，扶持发展边境贸易和特色经济，使边民能够安心生产生活、安心守边固边。完善片区联系协调机制，加快实施集中连片特殊困难地区区域发展与脱贫攻坚规划。加大中央投入力度，采取特殊扶持政策，推进西藏、四省藏区和新疆南疆四地州脱贫攻坚。

五、强化政策保障，健全脱贫攻坚支撑体系

（十八）加大财政扶贫投入力度。发挥政府投入在扶贫开发中的主体和主导作用，积极开辟扶贫开发新的资金渠道，确保政府扶贫投入力度与脱贫攻坚任务相适应。中央财政继续加大对贫困地区的转移支付力度，中央财政专项扶贫资金规模实现较大幅度增长，一般性转移支付资金、各类涉及民生的专项转移支付资金和中央预算内投资进一步向贫困地区和贫困人口倾斜。加大中央集中彩票公益金对扶贫的支持力度。农业综合开发、农村综合改革转移支付等涉农资金要明确一定比例用于贫困村。各部门安排的各项惠民政

策、项目和工程，要最大限度地向贫困地区、贫困村、贫困人口倾斜。各省（自治区、直辖市）要根据本地脱贫攻坚需要，积极调整省级财政支出结构，切实加大扶贫资金投入。从2016年起通过扩大中央和地方财政支出规模，增加对贫困地区水、电、路、气、网等基础设施建设和提高基本公共服务水平的投入。建立健全脱贫攻坚多规划衔接、多部门协调长效机制，整合目标相近、方向类同的涉农资金。按照权责一致原则，支持连片特困地区县和国家扶贫开发工作重点县围绕本县突出问题，以扶贫规划为引领，以重点扶贫项目为平台，把专项扶贫资金、相关涉农资金和社会帮扶资金捆绑集中使用。严格落实国家在贫困地区安排的公益性建设项目取消县级和西部连片特困地区地市级配套资金的政策，并加大中央和省级财政投资补助比重。在扶贫开发中推广政府与社会资本合作、政府购买服务等模式。加强财政监督检查和审计、稽查等工作，建立扶贫资金违规使用责任追究制度。纪检监察机关对扶贫领域虚报冒领、截留私分、贪污挪用、挥霍浪费等违法违规问题，坚决从严惩处。推进扶贫开发领域反腐倡廉建设，集中整治和加强预防扶贫领域职务犯罪工作。贫困地区要建立扶贫公告公示制度，强化社会监督，保障资金在阳光下运行。

（十九）加大金融扶贫力度。鼓励和引导商业性、政策性、开发性、合作性等各类金融机构加大对扶贫开发的金融支持。运用多种货币政策工具，向金融机构提供长期、低成本的资金，用于支持扶贫开发。设立扶贫再贷款，实行比支农再贷款更优惠的利率，重点支持贫困地区发展特色产业和贫困人口就业创业。运用适当的政策安排，动用财政贴息资金及部分金融机构的富余资金，对接政策性、开发性金融机构的资金需求，拓宽扶贫资金来源渠道。由国家开发银行和中国农业发展银行发行政策性金融债，按照微利或保本的原则发放长期贷款，中央财政给予90%的贷款贴息，专项用于易地扶贫搬迁。国家开发银行、中国农业发展银行分别设立“扶贫

金融事业部”，依法享受税收优惠。中国农业银行、邮政储蓄银行、农村信用社等金融机构要延伸服务网络，创新金融产品，增加贫困地区信贷投放。对有稳定还款来源的扶贫项目，允许采用过桥贷款方式，撬动信贷资金投入。按照省（自治区、直辖市）负总责的要求，建立和完善省级扶贫开发投融资主体。支持农村信用社、村镇银行等金融机构为贫困户提供免抵押、免担保扶贫小额信贷，由财政按基础利率贴息。加大创业担保贷款、助学贷款、妇女小额贷款、康复扶贫贷款实施力度。优先支持在贫困地区设立村镇银行、小额贷款公司等机构。支持贫困地区培育发展农民资金互助组织，开展农民合作社信用合作试点。支持贫困地区设立扶贫贷款风险补偿基金。支持贫困地区设立政府出资的融资担保机构，重点开展扶贫担保业务。积极发展扶贫小额贷款保证保险，对贫困户保证保险保费予以补助。扩大农业保险覆盖面，通过中央财政以奖代补等支持贫困地区特色农产品保险发展。加强贫困地区金融服务基础设施建设，优化金融生态环境。支持贫困地区开展特色农产品价格保险，有条件的地方可给予一定保费补贴。有效拓展贫困地区抵押物担保范围。

（二十）完善扶贫开发用地政策。支持贫困地区根据第二次全国土地调查及最新年度变更调查成果，调整完善土地利用总体规划。新增建设用地计划指标优先保障扶贫开发用地需要，专项安排国家扶贫开发工作重点县年度新增建设用地计划指标。中央和省级在安排土地整治工程和项目、分配下达高标准基本农田建设计划和补助资金时，要向贫困地区倾斜。在连片特困地区和国家扶贫开发工作重点县开展易地扶贫搬迁，允许将城乡建设用地增减挂钩指标在省域范围内使用。在有条件的贫困地区，优先安排国土资源管理制度改革试点，支持开展历史遗留工矿废弃地复垦利用、城镇低效用地再开发和低丘缓坡荒滩等未利用地开发利用试点。

（二十一）发挥科技、人才支撑作用。加大科技扶贫力度，解决贫困地区特色产业发展和生态建设中的关键技术问题。加大技术创新引导专项（基金）对科技扶贫的支持，加快先进适用技术成果在贫困地区的转化。深入推行科技特派员制度，支持科技特派员开展创业式扶贫服务。强化贫困地区基层农技推广体系建设，加强新型职业农民培训。加大政策激励力度，鼓励各类人才扎根贫困地区基层建功立业，对表现优秀的人员在职称评聘等方面给予倾斜。大力实施边远贫困地区、边疆民族地区和革命老区人才支持计划，贫困地区本土人才培养计划。积极推进贫困村创业致富带头人培训工程。

六、广泛动员全社会力量，合力推进脱贫攻坚

（二十二）健全东西部扶贫协作机制。加大东西部扶贫协作力度，建立精准对接机制，使帮扶资金主要用于贫困村、贫困户。东部地区要根据财力增长情况，逐步增加对口帮扶财政投入，并列入年度预算。强化以企业合作为载体的扶贫协作，鼓励东西部按照当地主体功能定位共建产业园区，推动东部人才、资金、技术向贫困地区流动。启动实施经济强县（市）与国家扶贫开发工作重点县"携手奔小康"行动，东部各省（直辖市）在努力做好本区域内扶贫开发工作的同时，更多发挥县（市）作用，与扶贫协作省份的国家扶贫开发工作重点县开展结对帮扶。建立东西部扶贫协作考核评价机制。

（二十三）健全定点扶贫机制。进一步加强和改进定点扶贫工作，建立考核评价机制，确保各单位落实扶贫责任。深入推进中央企业定点帮扶贫困革命老区县"百县万村"活动。完善定点扶贫牵头联系机制，各牵头部门要按照分工督促指导各单位做好定点扶贫工作。

（二十四）健全社会力量参与机制。鼓励支持民营企业、社会

组织、个人参与扶贫开发，实现社会帮扶资源和精准扶贫有效对接。引导社会扶贫重心下移，自愿包村包户，做到贫困户都有党员干部或爱心人士结对帮扶。吸纳农村贫困人口就业的企业，按规定享受税收优惠、职业培训补贴等就业支持政策。落实企业和个人公益扶贫捐赠所得税税前扣除政策。充分发挥各民主党派、无党派人士在人才和智力扶贫上的优势和作用。工商联系统组织民营企业开展“万企帮万村”精准扶贫行动。通过政府购买服务等方式，鼓励各类社会组织开展到村到户精准扶贫。完善扶贫龙头企业认定制度，增强企业辐射带动贫困户增收的能力。鼓励有条件的企业设立扶贫公益基金和开展扶贫公益信托。发挥好“10·17”全国扶贫日社会动员作用。实施扶贫志愿者行动计划和社会工作专业人才服务贫困地区计划。着力打造扶贫公益品牌，全面及时公开扶贫捐赠信息，提高社会扶贫公信力和美誉度。构建社会扶贫信息服务网络，探索发展公益众筹扶贫。

七、大力营造良好氛围，为脱贫攻坚提供强大精神动力

（二十五）创新中国特色扶贫开发理论。深刻领会习近平总书记关于新时期扶贫开发的重要战略思想，系统总结我们党和政府领导亿万人民摆脱贫困的历史经验，提炼升华精准扶贫的实践成果，不断丰富完善中国特色扶贫开发理论，为脱贫攻坚注入强大思想动力。

（二十六）加强贫困地区乡风文明建设。培育和践行社会主义核心价值观，大力弘扬中华民族自强不息、扶贫济困传统美德，振奋贫困地区广大干部群众精神，坚定改变贫困落后面貌的信心和决心，凝聚全党全社会扶贫开发强大合力。倡导现代文明理念和生活方式，改变落后风俗习惯，善于发挥乡规民约在扶贫济困中的积极作用，激发贫困群众奋发脱贫的热情。推动文化投入向贫困地区倾

斜，集中实施一批文化惠民扶贫项目，普遍建立村级文化中心。深化贫困地区文明村镇和文明家庭创建。推动贫困地区县级公共文化体育设施达到国家标准。支持贫困地区挖掘保护和开发利用红色、民族、民间文化资源。鼓励文化单位、文艺工作者和其他社会力量为贫困地区提供文化产品和服务。

（二十七）扎实做好脱贫攻坚宣传工作。坚持正确舆论导向，全面宣传我国扶贫事业取得的重大成就，准确解读党和政府扶贫开发的决策部署、政策举措，生动报道各地区各部门精准扶贫、精准脱贫丰富实践和先进典型。建立国家扶贫荣誉制度，表彰对扶贫开发作出杰出贡献的组织和个人。加强对外宣传，讲好减贫的中国故事，传播好减贫的中国声音，阐述好减贫的中国理念。

（二十八）加强国际减贫领域交流合作。通过对外援助、项目合作、技术扩散、智库交流等多种形式，加强与发展中国家和国际机构在减贫领域的交流合作。积极借鉴国际先进减贫理念与经验。履行减贫国际责任，积极落实联合国2030年可持续发展议程，对全球减贫事业作出更大贡献。

八、切实加强党的领导，为脱贫攻坚提供坚强政治保障

（二十九）强化脱贫攻坚领导责任制。实行中央统筹、省（自治区、直辖市）负总责、市（地）县抓落实的工作机制，坚持片区为重点、精准到村到户。党中央、国务院主要负责统筹制定扶贫开发大政方针，出台重大政策举措，规划重大工程项目。省（自治区、直辖市）党委和政府对扶贫开发工作负总责，抓好目标确定、项目下达、资金投放、组织动员、监督考核等工作。市（地）党委和政府要做好上下衔接、域内协调、督促检查工作，把精力集中在贫困县如期摘帽上。县级党委和政府承担主体责任，书记和县长是第一责任人，做好进度安排、项目落地、资金使用、人力调配、推

进实施等工作。要层层签订脱贫攻坚责任书，扶贫开发任务重的省（自治区、直辖市）党政主要领导要向中央签署脱贫责任书，每年要向中央作扶贫脱贫进展情况的报告。省（自治区、直辖市）党委和政府要向市（地）、县（市）、乡镇提出要求，层层落实责任制。中央和国家机关各部门要按照部门职责落实扶贫开发责任，实现部门专项规划与脱贫攻坚规划有效衔接，充分运用行业资源做好扶贫开发工作。军队和武警部队要发挥优势，积极参与地方扶贫开发。改进县级干部选拔任用机制，统筹省（自治区、直辖市）内优秀干部，选好配强扶贫任务重的县党政主要领导，把扶贫开发工作实绩作为选拔使用干部的重要依据。脱贫攻坚期内贫困县县级领导班子要保持稳定，对表现优秀、符合条件的可以就地提级。加大选派优秀年轻干部，特别是后备干部，到贫困地区工作的力度，有计划地安排省部级后备干部到贫困县挂职任职，各省（自治区、直辖市）党委和政府也要选派厅局级后备干部到贫困县挂职任职。各级领导干部要自觉践行党的群众路线，切实转变作风，把严的要求、实的作风贯穿于脱贫攻坚始终。

（三十）发挥基层党组织战斗堡垒作用。加强贫困乡镇领导班子建设，有针对性地选配政治素质高、工作能力强、熟悉“三农”工作的干部担任贫困乡镇党政主要领导。抓好以村党组织为领导核心的村级组织配套建设，集中整顿软弱涣散村党组织，提高贫困村党组织的创造力、凝聚力、战斗力，发挥好工会、共青团、妇联等群团组织的作用。选好配强村级领导班子，突出抓好村党组织带头人队伍建设，充分发挥党员先锋模范作用。完善村级组织运转经费保障机制，将村干部报酬、村办公经费和其他必要支出作为保障重点。注重选派思想好、作风正、能力强的优秀年轻干部到贫困地区驻村，选聘高校毕业生到贫困村工作。根据贫困村的实际需求，精准选配第一书记，精准选派驻村工作队，提高县以上机关派出干部比例。加大驻村干部考核力度，不稳定脱贫不撤队伍。对在基层一线干出成绩、群众欢迎的驻村干部，要重点培养使用。加快推进贫困村村务监督委员会建设，继续落实好“四议两公开”、村务联席会等制度，健全党组织领导的村民自治机制。在有实际需要的地区，探索在村民小组或自然村开展村民自治，通过议事协商，组织群众自觉广泛参与扶贫开发。

（三十一）严格扶贫考核督查问责。抓紧出台中央对省（自治区、直辖市）党委和政府扶贫开发工作成效考核办法。建立年度扶贫开发工作逐级督查制度，选择重点部门、重点地区进行联合督查，对落实不力的部门和地区，国务院扶贫开发领导小组要向党中央、国务院报告并提出责任追究建议，对未完成年度减贫任务的省份要对党政主要领导进行约谈。各省（自治区、直辖市）党委和政府要加快出台对贫困县扶贫绩效考核办法，大幅度提高减贫指标在贫困县经济社会发展实绩考核指标中的权重，建立扶贫工作责任清单。加快落实对限制开发区域和生态脆弱的贫困县取消地区生产总值考核的要求。落实贫困县约束机制，严禁铺张浪费，厉行勤俭节约，严格控制“三公”经费，坚决刹住穷县“富衙”、“戴帽”炫富之风，杜绝不切实际的形象工程。建立重大涉贫事件的处置、反馈机制，在处置典型事件中发现问题，不断提高扶贫工作水平。加强农村贫困统计监测体系建设，提高监测能力和数据质量，实现数据共享。

（三十二）加强扶贫开发队伍建设。稳定和强化各级扶贫开发领导小组和工作机构。扶贫开发任务重的省（自治区、直辖市）、市（地）、县（市）扶贫开发领导小组组长由党政主要负责同志担任，强化各级扶贫开发领导小组决策部署、统筹协调、督促落实、检查考核的职能。加强与精准扶贫工作要求相适应的扶贫开发队伍和机构建设，完善各级扶贫开发机构的设置和职能，充实配强各级扶贫开发工作力度。扶贫任务重的乡镇要有专门干部负责扶贫开发工作。加强贫困地区县级领导干部和扶贫干部思想作风建设，加大

培训力度，全面提升扶贫干部队伍能力水平。

（三十三）推进扶贫开发法治建设。各级党委和政府要切实履行责任，善于运用法治思维和法治方式推进扶贫开发工作，在规划编制、项目安排、资金使用、监督管理等方面，提高规范化、制度化、法治化水平。强化贫困地区社会治安防控体系建设和基层执法队伍建设。健全贫困地区公共法律服务制度，切实保障贫困人口合法权益。完善扶贫开发法律法规，抓紧制定扶贫开发条例。

让我们更加紧密地团结在以习近平同志为总书记的党中央周围，凝心聚力，精准发力，苦干实干，坚决打赢脱贫攻坚战，为全面建成小康社会、实现中华民族伟大复兴的中国梦而努力奋斗。

后记

《中国贫困治理方案研究》是“中国贫困治理道路研究”丛书第四卷。加强中国特色社会主义贫困治理方案的研究，厘清中国特色贫困治理方案形成、发展的逻辑，不仅能推进中国减贫理论研究，也能够为世界其他国家的贫困治理提供启示和经验借鉴。同时，也可在一定程度上增强我国贫困治理研究的国际话语权。学术界关于“中国贫困治理方案”的研究较多，但多数著述偏重于“中国贫困治理方案”的内涵与意义研究，回答的是“是什么?”和“有什么作用?”的问题。本书着重从制度逻辑、理论逻辑、实践逻辑三个层面，系统分析“中国贫困治理方案”的成因，从学理上回答了“为什么是这样的?”“怎么形成?”等问题，这是本书的价值所在。

该书的框架由本人确定。全书初稿由靳川凤撰写，最后由本人修改、增补并定稿。书中引用了众多学界前辈和同仁的研究成果，在此特别鸣谢！鹭江出版社对本书的出版给予了大力支持，编辑付出了辛勤劳动，在此一并表示诚挚的谢意！

由于水平所限，挂一漏万，书中错误之处，请方家批评指正。

叶兴建

2021 年 8 月 10 日